Un Enfoque de la Arquitectura Empresarial Moderna Potenciada

Modernizar y transformar la empresa con Movilidad, Nube, IO y Datos Grandes

Dr. Mehmet Yildiz
Distinguido Arquitecto Empresarial

Segunda Edición, Septiembre 2019
Copyright © Dr. Mehmet Yildiz
https://digitalmehmet.com
Eitorial: S.T.E.P.S. Publishing Australia
P.O Box 2097, Roxburgh Park, Victoria, 3064 Australia
info@stepsconsulting.com.au
Editado por Mark Longfield

Descargo de Responsabilidad

Todos los derechos reservados. Ninguna parte de esta publicación puede ser producida, distribuida o transmitida en ninguna forma ni por ningún medio, incluyendo fotocopias, impresión, grabación u otros métodos electrónicos o mecánicos, sin el permiso previo por escrito de la editorial. Todas las demás marcas comerciales o marcas registradas son propiedad de sus respectivos dueños. Este libro se proporciona únicamente con fines informativos. Aunque el editor, el autor y los editores han hecho todo lo posible para garantizar que la información contenida en este libro sea exacta y correcta durante el proceso de publicación, el editor, el autor y los editores no asumen y por la presente renuncian a cualquier responsabilidad ante cualquier parte por cualquier pérdida, daño o interrupción causada por errores u omisiones; ya sea que dichos errores u omisiones sean el resultado de negligencia, accidente o cualquier otra causa. El uso de la información, instrucciones y guías contenidas en este libro es bajo el propio riesgo del lector.

Tabla de Contenido

Capítulo 1: Introducción 10
    Propósito de este libro 10
    Audiencia 12
    Lecciones Aprendidas de mis Antecedentes 12

Capítulo 2: Fundamentos de la Arquitectura Empresarial 15
    Propósito 15
    Definición de la Arquitectura Empresarial 15
    Gestión de la Complejidad Empresarial 17
    Costo de las Soluciones Empresariales 19
    Resumen del Capítulo y Puntos Clave 22

Capítulo 3: El fin de la Modernización de la Empresa 24
    Propósito 24
    Alcance de la Modernización 24
    Estrategia de Modernización 26
    Mapa de la Modernización 27
    Evaluación de la Viabilidad de la Modernización 27
    Requisitos de Modernización 28
    Casos de uso de la Modernización 32
    Ventajas y Desventajas 34
    Arquitecturas de Referencia 35
    Diseños y Modelos de Alto Nivel 36
    Diseños Detallados y Especificaciones 38
    Resumen del Capítulo y Puntos Clave 39

Capítulo 4: Redefinición de los Roles y Responsabilidades de los Arquitectos Empresariales para el Mundo Moderno 42

    Propósito 42

    Responsabilidades de Arquitectura y Diseño para el Ciclo de Vida
    de la Modernización 43

    Gobernabilidad Dinámica y Flexible 44

    Distinción Técnica 45

    Comunicación Empresarial y Técnica 46

    Catalizador de la Innovación 47

    Mentoría y Coaching 48

    Catalizador de Cambio 49

    Una Nueva Forma de Aprender 50

    Apoyo al Talento 50

    Equipos de alto rendimiento 51

    Detectores de Puntos Ciegos 52

    Tomando Medidas 53

    Liderazgo de Pensamiento 54

    Creador de Resultados 54

    Antecedentes Profesionales 55

    Resumen del Capítulo y Puntos Clave 56

*Capítulo 5: Agilidad y Fusión Innovadora para la Empresa
Moderna* 60

    Propósito 60

    Definición de Innovación 60

    Pensamiento Innovador 61

    Cultura y Ecosistema de Innovación 62

    Cómo Incentivar la Innovación en la Modernización de la Empresa .. 63

    La Innovación como Mentalidad 64

    Reconocer los Obstáculos para la Innovación 65

Resumen del Capítulo y Puntos Clave 67

Capítulo 6: Simplificando la Arquitectura para la Empresa Moderna 69

Propósito 69

Significado de la Simplicidad 69

Simplicidad del Proceso 71

Simplicidad del Servicio 72

Simplicidad de Diseño para la Modernización 73

Sencillez de las Especificaciones 75

Sencillez en la Comunicación Técnica 76

La Simplicidad de la Gobernanza para la Modernización 78

Más Datos para la Simplicidad 79

Presentaciones Simplificadas para la Eficacia 80

Resumen del Capítulo y Puntos Clave 81

Capítulo 7: Agilidad para la Empresa Moderna 84

Propósito 84

Cómo Comunicar Agilidad 85

Cómo Encender y Mantener la Agilidad 86

Arquitectura Pragmática 87

Desarrollo Rápido 88

Importancia de la Automatización 88

Remover Silos 89

Gestione su Cartera de Pedidos Efectivamente 90

Acepte el Constante Cambio 91

Fallo Rápido 91

Relación de Costos e Ingresos con Agilidad 92

Resumen del Capítulo y Puntos Clave 93

Capítulo 8: Colaboración y Fusión para la Empresa Moderna 96

Propósito 96

Definición de la Colaboración 96

Fusión para la Modernización de Empresas 98

Cómo Encender y Permitir la Colaboración 99

Cómo Mantener la Colaboración 100

Cree una Magia de Colaboración 100

Importancia de la Influencia para la Colaboración 101

Importancia de la Diversidad para la Colaboración 102

Resumen del Capítulo y Puntos Clave 103

Capítulo 9: Otros Facilitadores de Tecnología Vital para la Empresa Moderna 105

Propósito 105

Computación en la Nube 105

IO (Objetos de la Internet) 108

Grandes Datos, Análisis y Aprendizaje de Máquinas 109

Aprendizaje Automático y Análisis de Texto 111

Ciberseguridad 112

Red de Trabajo (Network) 113

Movilidad 113

Gestión de Servicios TI 114

Resumen del Capítulo y Puntos Clave 114

Capítulo 10: Computación en la Nube para la Modernización de las Empresas 118

Importancia de la Nube para la Modernización de la Empresa 118

Modelo de Servicio en la Nube 118

Modelos de Implantación en la Nube para la Modernización 121

La Nube Híbrida como Enfoque Empresarial 123

Modelo de Costo Inteligente 127

Actividades de Optimización de la Nube 128

Gestión de la Carga de Trabajo 129

Relación entre la Nube, los Grandes Datos y la IO 129

Consideraciones Sobre la Calidad y la Adopción de la Nube 131

Resumen del Capítulo y Puntos Clave 135

Capítulo 11: Datos Importantes para la Modernización de la Empresa 138

Propósito 138

Gestión del Ciclo de Vida de los Datos Grandes 140

Componentes de la Solución de Datos Grandes 147

Plataforma de Datos Grandes 148

Gobierno de los Grandes Datos 150

Análisis de Grandes Datos 151

Tipos de Análisis de Datos Grandes 153

Lagos de Datos, Estanques, Charcos y Pantanos 154

Consideraciones de Arquitectura de Datos Grandes 158

Descripción General de las Herramientas de Código Abierto para Grandes Datos 163

Herramientas Comerciales de Datos Grandes y Analíticas 167

Resumen del Capítulo y Puntos Clave 167

Capítulo 12: IO Para la Modernización de la Empresa 172

Propuestas de Valor de la IO 172

Implicaciones Arquitectónicas de los Datos Masivos de IO para la Modernización de la Empresa 173

Nube de IO para la Modernización de las Empresas 175

Implicaciones de la Computación del Análisis de la IO.....................177

Consideración de Lagos de Datos para la IO Empresarial.................178

IO Retos Arquitectónicos para la Empresa 178

Cuestiones de Seguridad y Privacidad de la IO 180

Resumen del Capítulo y Puntos Clave 181

Capítulo 13: Movilidad de las Empresas...184

Definición de Movilidad Empresarial 184

Gestión de Dispositivos de Movilidad 184

Implicaciones de Seguridad Empresarial para la Movilidad 185

Inteligencia de Negocio Móvil...186

Gestión unificada de Endpoint (punto final)....................................186

Importancia de la Movilidad para la Modernización de las Empresas..187

Resumen del Capítulo y Puntos Clave 187

Capítulo 14: Conclusiones 189

Apéndice: Otros Libros de esta Serie 213

Guía Práctica para los Arquitectos de Soluciones de IO 213

Arquitectura de Soluciones de Grandes Datos Integradas con IO y Nube 214

Cree perspectivas estratégicas de negocio con agilidad...................214

Un Marco de Excelencia Técnica para el Liderazgo de la Transformación Digital Innovadora...215

Transformar la empresa con excelencia técnica, innovación, simplicidad, agilidad, fusión y colaboración. 215

Inteligencia Digital..217

Sobre el Autor **218**

Capítulo 1: Introducción

Propósito de este libro

Soy el autor de este libro para proporcionar una guía esencial, ideas convincentes y formas únicas para Arquitectos Empresariales para que puedan llevar a cabo con éxito iniciativas complejas de modernización empresarial que transformen del caos a la coherencia. Este no es un libro teórico ordinario que describa en detalle la Arquitectura Empresarial. Hay miles de libros en el mercado y en las bibliotecas que discuten los detalles de la arquitectura empresarial. Mi objetivo aquí es destacar los factores de éxito y reflejar las lecciones aprendidas.

Como Arquitecto Empresarial Senior en ejercicio, leí cientos de esos libros y artículos para aprender diferentes puntos de vista. Han sido valiosos para mí para establecer mis bases en la primera fase de mi profesión. Sin embargo, lo que falta ahora es una guía concisa que muestre a los Arquitectos Empresariales los enfoques novedosos, las percepciones de la experiencia de la vida real y las experimentaciones, y que señale las tecnologías diferenciadoras para la modernización de las empresas. Ojalá existiera tal guía cuando empecé a participar en programas de modernización y transformación.

La mayor lección aprendida es el resultado comercial de la modernización de la empresa. Lo que realmente importa para el negocio es el retorno de la inversión de la arquitectura empresarial y sus capacidades de monetización. El resto es la teoría porque hoy en día los ejecutivos patrocinadores, debido al clima económico, no tienen interés, atención o tolerancia para los emprendimientos sin fines de lucro. Lamento decepcionar a algunos arquitectos empresariales idealistas, pero con el debido respeto, es la realidad, y no podemos cambiarla. Este libro trata de la realidad más que de la perfección teórica. Cualquiera que esté en contra de este punto de vista sobre el clima debe venir de otro planeta.

En este libro conciso, despejado y fácil de leer, intento mostrar los puntos débiles significativos y las consideraciones valiosas para la modernización de las empresas utilizando un enfoque estructurado. El rigor arquitectónico sigue siendo esencial. No podemos comprometer el rigor que apunta a la calidad de los productos y servicios como un resultado objetivo. Sin embargo, debe haber un delicado equilibrio entre el rigor arquitectónico, el valor comercial y la rapidez de comercialización. Apliqué este enfoque pragmático a múltiples iniciativas de transformación sustanciales y programas de modernización complejos. El punto clave es utilizar un enfoque iterativo cada vez más progresivo en todos los aspectos de las iniciativas de modernización, incluidas las personas, los procesos, las herramientas y las tecnologías en su conjunto.

Partiendo de una visión de alto nivel de la arquitectura empresarial para contextualizarla, presenté una docena de capítulos distintos para señalar y explicar con más detalle los factores que pueden marcar una diferencia real en el tratamiento de la complejidad y la producción de excelentes iniciativas de modernización. Como líderes eminentes, los Arquitectos Empresariales son los talentos críticos que pueden llevar a cabo esta misión masiva utilizando su gente y sus habilidades tecnológicas, además de muchos atributos críticos como la calma y la serenidad. Son arquitectos, no bomberos. Tengo plena confianza en que este libro puede proporcionar valiosas ideas y momentos para que estos talentosos arquitectos aborden esta enorme misión convirtiendo el caos en coherencia.

Audiencia

Este libro puede ser una fuente ideal para arquitectos empresariales que se comprometen por primera vez en enormes iniciativas de modernización empresarial. La guía en este libro puede iniciar el proceso. Otro tipo de público objetivo podrían ser los arquitectos que planean ser Arquitectos Empresariales y emprender iniciativas de transformación y modernización en entornos complejos y grandes organizaciones.

Además de los arquitectos, este libro puede proporcionar información útil a los ejecutivos de TI - CTO (Oficial de Tecnología en Jefe), CDO (Oficial igital en Jefe), CIO (Oficial de Información en Jefe) y Director de Tecnologías Empresariales - que son responsables de importantes programas de modernización empresarial y transformación digital.

Desde una perspectiva de ejecución, este libro también puede ser útil para los gerentes de programas y carteras responsables de los programas de modernización de empresas.

Como recurso educativo, este libro también puede ser útil para los estudiantes de Arquitectura Empresarial y disciplinas relevantes que quieran entender el aspecto práctico de la disciplina, especialmente desde las perspectivas de modernización y transformación.

Lecciones Aprendidas de mis Antecedentes

He estado practicando la arquitectura empresarial durante más de dos décadas. Las grandes organizaciones se enfrentan a un reto considerable con los rápidos cambios tecnológicos y las crecientes demandas de los consumidores. Cada una de las grandes organizaciones para las que trabajé tenía algunos programas de transformación y modernización en cierta medida a nivel empresarial. Fui testigo de varias iniciativas fallidas causadas por múltiples factores que podrían estar en su control o fuera de su control. Una de las principales causas del fracaso fue la dificultad para hacer frente a la complejidad. Las empresas tienen múltiples dimensiones que abarcan muchos dominios. Estos dominios están estrechamente interrelacionados; por lo tanto, un problema menor con un dominio puede reflejarse en muchos otros.

Por ejemplo, en una organización típica de gran tamaño, la fase de estrategia y planificación justa duró más de un año, mientras que cientos de empleados altamente remunerados estaban agitando y debatiendo ampliamente las ideas. Una vez que el programa finalmente alcanzó un consenso sobre el alcance y se acercó a la fase de gestión de requisitos, se consumió todo el presupuesto del programa. La organización tenía que despedir a toda esa gente talentosa. Este típico y desafortunado ejemplo fue una valiosa lección aprendida sobre la importancia de abordar la modernización de manera iterativa en lugar de tratar de perfeccionar todo por adelantado. En retrospectiva, podrían haber establecido la estrategia a un alto nivel para un solo dominio y sólo planificar un aspecto de la estrategia en el dominio seleccionado, probarla con el presupuesto asignado y producir algunos resultados deseables.

Las otras razones del fracaso son la excesiva atención prestada a las tecnologías cuya implementación en toda la empresa era difícil debido a los costos inhibitorios, la falta de la funcionalidad necesaria y las perspectivas de las capacidades. Por ejemplo, mientras que una organización podría haber empezado a probar la Nube con una oferta pública barata de Nube y mover sus cargas de trabajo de forma iterativa, estaban intentando construir una plataforma de Nube privada completa con muchas tecnologías emergentes y un equipo costoso. El costo oculto de un enfoque tan monolítico, lamentablemente, destruyó todas las buenas intenciones.

Hay muchas más lecciones similares aprendidas del fracaso; por lo tanto, quiero compartir mi experiencia de cómo se pueden prevenir estos errores mortales con una mentalidad diferente, un enfoque novedoso, una estructura innovadora, y con el uso de herramientas de apoyo y tecnologías de empoderamiento.

Capítulo 2: Fundamentos de la Arquitectura Empresarial

Propósito

En este capítulo, tratamos brevemente los fundamentos de la arquitectura empresarial para que todos pensemos en la misma página. En cualquier empresa de negocios, principalmente, los fundamentos deben cumplirse en primer lugar para que se siga avanzando. Por esta razón, comenzamos con la definición de la arquitectura empresarial en el contexto de la modernización e introducimos las técnicas fundamentales para tratar la complejidad de la empresa.

En capítulos consecutivos, como otro aspecto fundamental, abordamos los roles y responsabilidades cambiantes y esenciales de Arquitectos Empresariales para liderar iniciativas de modernización exitosas. Después de establecer estos fundamentos, iluminamos otros pilares necesarios en este marco novedoso. Ahora, intentemos definir la arquitectura de la empresa.

Definición de la Arquitectura Empresarial

La disciplina de Arquitectura Empresarial (EA) en Tecnología de la Información (TI) que define una arquitectura de TI a nivel macro a nivel empresarial centrándose en el mapeo de las capacidades de TI a las necesidades del negocio utilizando un método de gobernanza. Tradicionalmente, los líderes de pensamiento utilizaban la metáfora urbanística para definir y visualizar la EA. Hasta ahora, esta metáfora urbanística es la explicación más prominente para proporcionar una comprensión común de la EA. Por lo tanto, de vez en cuando en este libro, utilizamos esta metáfora para transmitir el mensaje y aclarar los puntos abstractos.

El enfoque de EA ha sido definir y describir las relaciones, flujos lógicos, implementación de procesos de negocio, actividades, funciones, datos, información, aplicaciones, tecnología subyacente y herramientas de soporte en la empresa.

Visión, proceso y planificación son los aspectos críticos de EA. Estos tres aspectos -visión, proceso y planificación- están impulsados por y estrechamente alineados con las necesidades, la capacidad y los requisitos del negocio a nivel empresarial.

EA tiene cinco fases distintas. Las fases en orden de madurez son iniciales, de línea de base, de objetivo, integradas y optimizadas. Las iniciativas de modernización de las empresas deben tener en cuenta estas fases y abordarlas tanto individualmente como de forma integrada.

EA tiene varios modelos de referencia para explicar sus dominios fundamentales. Los modelos más comunes son BRM (Modelo de Referencia de Negocio), CRM (El Modelo de Referencia de Componentes), TRM (El modelo de Referencia Técnica), DMR (El Modelo de Referencia de Datos), PRM (Modelo de Referencia de Desempeño). Estos modelos cubren la capacidad empresarial, la funcionalidad empresarial, los estándares tecnológicos, los sistemas de TI, las descripciones de datos y las mediciones de calidad. Estos modelos están bien establecidos. Por ejemplo, uno de los métodos más comunes de EA, FEA (Arquitectura Empresarial Federal), también utiliza estos modelos.

Existen muchos métodos tradicionales para la Arquitectura Empresarial. Los más populares son TOGAF, Zachman y FEA. Algunas organizaciones grandes tienen metodologías propias que se utilizan con fines internos y no se comparten públicamente. Sin embargo, conociendo un método establecido y entendiendo los principios de la arquitectura empresarial en un sentido amplio, los Arquitectos Empresariales puede aprender rápidamente otros métodos propietarios revisándolos y trabajando con los productos de trabajo reales en un tiempo relativamente corto.

Gestión de la Complejidad Empresarial

Los entornos empresariales pueden ser extremadamente complejos con múltiples capas de sistemas, tecnologías, herramientas y procesos. Uno de los roles críticos de Arquitectos Empresariales es manejar la complejidad. Existen diferentes enfoques y técnicas para gestionar la complejidad de las empresas.

La técnica de simplificación más común es el método de partición. Algunos arquitectos empresariales pueden utilizar diferentes términos para dividir, como dividir, subdividir, segregar y prorratear. Todos estos términos alternativos significan lo mismo. El proceso de partición se refiere a hacer partes más pequeñas de un objeto grande. Digamos que se trata de un sistema de red. Dividimos la red global en grupos más pequeños, como una red de área amplia o una red de área local. Podemos particionar la red de área amplia desde las perspectivas de las herramientas, como enrutadores, conmutadores y otros dispositivos.

Una vez que dividimos un sistema global, podemos empezar a simplificarlo para hacer frente a la complejidad. La simplificación es una técnica amplia. Podemos personalizar el proceso de simplificación para diferentes sistemas y actividades. Una forma de simplificar un sistema es reducir la cantidad. Tomemos el número de servidores, por ejemplo, observando mil unidades de servidores, y diez servidores pueden hacer una gran diferencia. Otra técnica podría ser mover un elemento de un grupo grande de los elementos agrupados, pero aún así, mantener la relación para mantener su identidad central. Este libro ofrece un capítulo sobre la importancia de la simplificación para la modernización de las empresas, ya que es un factor crítico.

Después de dividir y simplificar, el tercer método crítico es la iteración. Probablemente has oído hablar mucho de este término mientras trabajabas con métodos ágiles. La iteración es el progreso de las actividades en pasos más pequeños y en trozos. La iteración es uno de los mejores enfoques para tratar la complejidad y la incertidumbre. Avanzando con pasos iterativos, logramos algunos resultados. Si el resultado es positivo, progresamos y pasamos a la siguiente iteración. Si el resultado es negativo, fallamos pero aprendemos a no hacerlo e intentamos otra iteración. El lado positivo de este resultado negativo es que fracasamos barato, y fracasamos rápidamente. Fallar barato y rápidamente no hace una gran diferencia desde el punto de vista financiero y de la programación del proyecto. Como la iteración es tan crítica en la modernización de las empresas, este libro ofrece un capítulo sobre métodos y enfoques ágiles para iniciativas de modernización exitosas.

En resumen, podemos recordar estos tres métodos básicos utilizando ejemplos cotidianos, como por ejemplo que tenemos equipos separados para diferentes funciones en el trabajo; esto es la partición de los equipos. Sólo pertenecemos a una sola nación; esto es una simplificación. Planeamos una escuela o un examen de certificación capítulo por capítulo; esto es iteración. También hay diferentes herramientas que utilizamos para estas técnicas.

En varios capítulos de este libro, los cubriremos.

Costo de las Soluciones Empresariales

Todo en la transformación de la empresa genera costos sustanciales. Hay costos conocidos y ocultos. Es relativamente más cómodo tratar con los costos conocidos; sin embargo, el desafío es tratar con los costos ocultos. Los costos ocultos son la parte más sustancial del iceberg. A pesar de que el coste es gestionado por equipos financieros, los Arquitectos Empresariales necesitan encontrar formas de hacer que las soluciones de modernización empresarial sean baratas, asequibles y reduzcan el coste gradualmente sin comprometer la calidad. Las consideraciones de calidad son los requisitos críticos de las iniciativas de modernización de las empresas.

Existe la percepción común de que no es posible hacer que las soluciones sean rentables sin comprometer la calidad, ya que en la fase de desarrollo de la arquitectura se produce un número considerable de compensaciones. Es cierto que hay muchos desafíos y factores a considerar para lograr este objetivo.

Sin embargo, el costo de la solución puede reducirse haciendo concesiones con un enfoque metódico al obtener la colaboración de los departamentos de negocios y tecnología. También podemos usar el enfoque Ágil apropiadamente. Es posible aumentar la calidad dc las soluciones mediante la aplicación de la diligencia profesional, el rigor arquitectónico, la agilidad en la entrega y la colaboración inteligente. Estos enfoques basados en principios son fundamentales para mantener y aumentar la calidad.

Los arquitectos empresariales necesitan participar en el desarrollo de modelos de costes de forma proactiva. Por ejemplo, debemos desarrollar una lista de materiales (BOM) de la solución una vez que hayamos establecido la estrategia de la solución y completado todos los artefactos de diseño de alto nivel. La lista de materiales puede incluir hardware, software, otras adquisiciones y costos de servicios.

Tenga en cuenta que puede haber una enorme presión por parte de los gerentes de proyecto y el personal de adquisiciones para generar una lista de materiales por adelantado para cumplir con los plazos del proyecto. Nadie quiere que se le eche la culpa de ningún retraso; por lo tanto, puede haber una gran prisa por poner las cosas en su sitio rápidamente. Sin embargo, podemos señalar que sin una arquitectura aprobada, ninguna lista de materiales puede ser formalizada y liberada. Esta aportación asertiva y directa de los Arquitectos Empresariales puede ahorrar una cantidad considerable de fondos para los programas de modernización de la empresa o ahorrar el desperdicio de presupuestos bien controlados y ajustados.

Los costes de infraestructura y mantenimiento en la empresa son muy elevados y están asociados a grandes centros de datos, granjas de servidores, Mobile BI, Big Data y nubes híbridas. Estos componentes fundamentales de la infraestructura pueden hacer que las soluciones empresariales sean más viables desde el punto de vista de los costes. Sin embargo, un solo fallo o defecto en un dispositivo o en un grupo de dispositivos que sirvan a los consumidores puede afectar a los niveles de servicio, por lo que podría acarrear costes elevados para los proveedores de servicios.

La disponibilidad y el rendimiento de los sistemas son los factores significativos de los niveles de servicio punitivos. Los SLA automatizados pueden detectar una baja disponibilidad y un rendimiento deficiente. Estos SLAs automatizados activan las reglas y obligan a las organizaciones que incumplen los acuerdos a pagar las sanciones acordadas contractualmente. El tiempo de inactividad es el factor más crítico para generar sanciones excesivas. Cuanto más tiempo los sistemas están caídos, más altas son las penalizaciones.

Los costos de los tiempos de inactividad del servicio pueden ser muy altos en base a las tarifas acordadas y causar multas excesivas cuando se acumulan por violaciones del nivel de servicio por parte de las organizaciones. Los incumplimientos del nivel de servicio también tienen un efecto estratégico adverso en los productos y servicios de una organización. Por ejemplo, los tiempos de inactividad en los servicios o los defectos en los productos pueden dar lugar a una escasa satisfacción de los clientes. Si también miramos desde el punto de vista del consumidor, pierden negocio debido a los tiempos de inactividad del servicio. Se trata de una situación de pérdida, a pesar de que las organizaciones de consumidores son compensadas con penalizaciones por SLA pagadas por los proveedores de servicios.

Los Arquitectos Empresariales, debemos prestar atención a los SLAs desde las primeras etapas del ciclo de vida de la solución de modernización. Cuanto mayor sea la calidad de las soluciones, más fácil será para los SLAs cumplir con ellas cuando las soluciones estén en producción y en estado operativo. El rigor de la calidad en cada fase puede contribuir positivamente a hacer frente a los riesgos de SLA.

Algunas de las consideraciones clave para abordar los problemas de SLA podrían ser la monitorización autónoma del estado y el mantenimiento remoto. Existen soluciones especializadas para estas técnicas de tendencias. Puede ser útil contratar a especialistas en automatización para el diseño de estas características únicas en nuestras soluciones de modernización.

La gestión del nivel de servicio también es crucial en las iniciativas de modernización empresarial, ya que uno de los mayores temores de los ejecutivos es si los problemas de rendimiento y disponibilidad dañan la satisfacción de los clientes de sus organizaciones y comprometen los ingresos del negocio. Para hacer frente a los riesgos asociados a este temor empresarial válido, los Arquitectos Empresariales debe prestar especial atención a la estrategia, planificación, diseño e implementación de SLA de forma integrada.

Resumen del Capítulo y Puntos Clave

La disciplina de Arquitectura Empresarial (EA) en Tecnología de la Información (TI) que define una arquitectura de TI a nivel macro a nivel empresarial centrándose en el mapeo de las capacidades de TI a las necesidades del negocio utilizando un método de gobernanza.

El enfoque de EA ha sido definir y describir las relaciones, flujos lógicos, implementación de procesos de negocio, actividades, funciones, datos, información, aplicaciones, tecnología subyacente y herramientas de soporte en la empresa.

EA tiene cinco fases distintas. Las fases en orden de madurez son iniciales, de línea de base, de objetivo, integradas y optimizadas. Las iniciativas de modernización de las empresas deben tener en cuenta estas fases y abordarlas tanto individualmente como de forma integrada.

Los modelos más comunes son BRM (Modelo de

Referencia de Negocio), CRM (El modelo de Referencia de Componentes), TRM (El modelo de Referencia Técnica), DMR (El Modelo de Referencia de Datos), PRM (Modelo de Referencia de Desempeño).

La técnica de simplificación más común es el método de partición. Otra forma de simplificar un sistema es reducir la cantidad. Después de dividir y simplificar, el tercer método crítico es la iteración.

Todo en la transformación de la empresa genera costos sustanciales. Hay costos conocidos y ocultos. Es relativamente más cómodo tratar con los costos conocidos, sin embargo, el desafío es tratar con los costos ocultos.

Los arquitectos de Arquitectos Empresariales deben prestar atención a los SLAs desde las primeras etapas del ciclo de vida de la solución de modernización. Cuanto mayor sea la calidad de las soluciones, más fácil será para los SLAs cumplir con ellas cuando las soluciones estén en producción y en estado operativo.

Capítulo 3: El fin de la Modernización de la Empresa

Propósito

El objetivo de esta sección es proporcionar una orientación de alto nivel sobre los pasos que deben darse en los programas de modernización de las empresas, que podrían servir de lista de control genérica. Estos pasos se basan en algunos de mis proyectos recientes que plantearon desafíos sustanciales desde múltiples ángulos; por lo tanto, intento resaltar las áreas problemáticas para que puedan considerarlas para sus posibles iniciativas similares a las mías. Asumiendo que usted es un experimentado arquitecto empresarial, no profundizo en cómo realizar tareas de arquitectura general, sino que me concentro en los puntos críticos que realmente marcan la diferencia para el éxito.

Alcance de la Modernización

La modernización de las empresas es un largo camino que lleva a la empresa del caos a la coherencia. El proceso de modernización incluye todos los aspectos de la empresa. El alcance de la modernización puede ser enorme si no le aplicamos disciplina arquitectónica.

Las partes interesadas de las empresas pueden ser muy ambiciosas y pedir muchas funciones y características o modernizar demasiadas cosas de una sola vez con sus buenas intenciones. Sin embargo, su intención puede no coincidir con la realidad. Como Arquitectos Empresariales, necesitamos reflejar la realidad utilizando algunas estimaciones de recursos y cronogramas que aprovechen las habilidades de los gerentes de proyectos, programas y finanzas.

Después de entender el alcance de la modernización de la empresa y tener una idea sobre el coste predictivo, necesitamos definir el alcance de la modernización utilizando principios y directrices arquitectónicas. Puede haber varios aspectos de la modernización; de ahí que en este libro nos centremos en los sistemas de TI de la empresa. A pesar de que los sistemas de TI de la empresa sólo se parecen un poco a una organización en una empresa global, este dominio por sí mismo puede ser gigantesco, especialmente para las grandes organizaciones.

Los sistemas de TI empresariales incluyen procesos de TI empresariales, datos empresariales, aplicaciones empresariales, infraestructura de TI y prestación de servicios de TI. Estos dominios pueden ser incluso más complicados con la adición de factores geográficos como la adición de varios países a la ecuación. La buena noticia es que estos dominios primarios pueden modernizarse de forma iterativa en paralelo.

Se puede aplicar un enfoque de arriba hacia abajo y de abajo hacia arriba. En el negocio de nivel superior, los procesos de TI y en la infraestructura de TI de nivel inferior. Estos dos ámbitos pueden modernizarse de forma independiente mediante actividades paralelas. Sin embargo, es esencial un enfoque integrado, ya que siempre puede haber dependencias desde múltiples ángulos.

Dependiendo del tamaño y la complejidad de la organización, el alcance de la modernización puede ser enorme. Para guiarle, algunos de los programas de modernización en los que he trabajado incluyen Lugar de Trabajo, Alojamiento, Red, Comunicaciones, Aplicaciones de Negocio, Herramientas de Infraestructura, Cargas de Trabajo, Middleware, Servicios Web, Bases de Datos,

Plataformas de Datos, Escritorio de Ayuda, y Legado de Backend. Cuando usted se une a estas iniciativas, puede ser un programa gigantesco. Por lo tanto, en la fase de formulación del alcance, necesitamos ser realistas eliminando cualquier emoción y establecer las expectativas basadas en estimaciones mensurables.

Una vez que el equipo establece el alcance y la estrategia de la modernización, los Arquitectos Empresariales afinan la estrategia y la convierte en el discurso arquitectónico. El documento de alcance generalmente refinado por los gerentes de programa.

Estrategia de Modernización

Desde un punto de vista arquitectónico, el documento de estrategia es un artefacto crítico para reunir a todas las partes y partes interesadas en la misma página. En nuestra estrategia, necesitamos identificar las dependencias críticas entre múltiples dominios en el ámbito aprobado sobre la base de consideraciones a corto, medio y largo plazo.

El proceso de estrategia de solución proporciona una evaluación objetiva de la situación actual. Alinea los objetivos del programa con los objetivos de la organización a nivel de la empresa y asegura que se cubran todas las brechas. El documento de estrategia de solución también documenta las oportunidades, amenazas, fortalezas y debilidades del proyecto desde el punto de vista técnico, comercial y financiero.

Sabemos que la estrategia de soluciones apenas cambia en las fases posteriores del proceso de solución. Por lo tanto, debe entenderse y aprobarse en fases anteriores. Sin embargo, podemos flexibilizar nuestra estrategia creando tácticas cambiantes para potenciar nuestra estrategia de solución. Estas tácticas también pueden ser documentadas y aprobadas como parte del proceso de aprobación de la arquitectura de la solución.

Utilizando la estrategia y considerando las dependencias, desarrollamos una hoja de ruta de alto nivel para informar a los ejecutivos patrocinadores.

Mapa de la Modernización

La hoja de ruta de la modernización puede incluir el estado actual a un alto nivel, el estado futuro, los objetivos primarios de transformación, e indicar los resultados clave, los plazos y un coste aproximado para la modernización global. Estas indicaciones pueden ser de un nivel muy alto, ya que puede haber muchos factores que afecten a los plazos y al coste.

Una vez establecida la hoja de ruta para la modernización de la empresa, los Arquitectos Empresariales deben realizar una evaluación completa de la viabilidad teniendo en cuenta el estado actual de las iniciativas objeto de estudio, su estado futuro indicativo y las estrategias para alcanzar el estado final. La Evaluación de Viabilidad ayuda a que la hoja de ruta sea validada por los líderes técnicos y aprobada por los ejecutivos patrocinadores.

Evaluación de la Viabilidad de la Modernización

La evaluación de la viabilidad de la modernización de la empresa debe incluir riesgos, limitaciones y dependencias clave a nivel de la empresa. Estos puntos deben organizarse adecuadamente para que tengan sentido para las partes interesadas del ejecutivo. Por ejemplo, debe incluir la calificación de los riesgos con probabilidad, implicaciones e impacto.

Las dependencias deben ser articuladas utilizando varios puntos de aclaración, tales como internos, externos, financieros, comerciales y otros. También es necesario definir las dependencias de una manera integrada, mientras que también puede haber algunas interdependencias entre múltiples componentes o bloques de construcción en la hoja de ruta. El tipo de dependencia y el impacto potencial deben ser articulados en un producto de trabajo centralizado de la Evaluación de Viabilidad.

Cada solución o arquitectos de dominio desarrollan sus evaluaciones, sin embargo, la evaluación de la viabilidad de la arquitectura empresarial es la herramienta más informativa que un Arquitecto Empresarial puede proporcionar a los ejecutivos patrocinadores para tomar decisiones informadas sobre la estrategia y la hoja de ruta. Por lo tanto, este producto de trabajo necesita ser preparado con rigor arquitectónico, técnico, comercial y financiero.

Requisitos de Modernización

Tras la revisión y aprobación de la evaluación de la viabilidad, tenemos que ahondar en la recopilación de los requisitos de alto nivel de las soluciones basadas en los ámbitos que hemos mencionado anteriormente.

Tratar con los requisitos masivos de esos dominios puede ser desalentador; por lo tanto, como Arquitectos Empresariales, podemos delegar el proceso de recopilación de requisitos con el dominio y los arquitectos del programa, incluyendo a los analistas de negocios.

En esta fase, el papel de los Arquitectos Empresariales es coordinar y facilitar el equipo de gestión de requisitos que puede estar formado por múltiples arquitectos y analistas de negocio. Estas actividades de coordinación y facilitación pueden ser casi a tiempo completo. Para ello, necesitamos utilizar las herramientas y sistemas de gestión de requisitos adecuados disponibles en nuestra organización.

Me he dado cuenta de que algunas organizaciones no disponen de estas herramientas, y utilizan una simple hoja de cálculo para gestionar los requisitos. En este caso, necesitamos encontrar formas de automatizar la hoja de cálculo y mantenerla en un repositorio central que permita a varios autores introducir y manipular los datos de forma consecutiva. En algunas organizaciones más pequeñas, recientemente hemos utilizado la Caja para mantener la matriz de requisitos en una hoja de cálculo compartida.

Una vez que los requisitos se han recopilado y analizado en una cantidad razonable, la siguiente actividad importante es priorizar los requisitos en función del impacto en el negocio. Los Arquitectos Empresariales necesitan desarrollar criterios para priorizar los requisitos basados en los factores descritos en los documentos de estrategia y hoja de ruta, así como en los profesionales financieros y empresariales establecidos por los ejecutivos patrocinadores.

Una vez priorizados los requisitos, cada uno de ellos debe ser validado por los usuarios pertinentes, los patrocinadores y otras partes interesadas asociadas. El proceso de validación de los requisitos puede llevar una cantidad considerable de tiempo, en función del número de requisitos. Algunos requisitos pueden ser exhaustivos y pueden ser difíciles de validar fácilmente. Por lo tanto, puede ser útil clasificar estas necesidades en grupos más pequeños.

Como principio arquitectónico, los requisitos deben

ser SMART, un acrónimo que utilizamos para describir la calidad de los requisitos. Utilizando el acrónimo SMART, podemos confirmar que los requisitos deben ser específicos, mensurables, procesables, realistas y trazables.

Un aspecto crucial para el análisis de requerimientos es el uso de la regla MoSCoW, adoptada de los siguientes métodos ágiles: 1) debe tener requerimientos; 2) debe tener, si es posible; 3) podría tener, pero no crítico; 4) no tendrá este tiempo, pero potencialmente más tarde.

Una vez que los requisitos de dominio de múltiples dominios se validan como obligatorios, opcionales o innecesarios, los arquitectos principales de cada dominio redactan sus soluciones y comienzan las actividades de trazabilidad de los requisitos a través de los bloques de construcción, el proyecto o la iniciativa de la solución de modernización.

La trazabilidad de los requisitos es una actividad arquitectónica fundamental que exige rigor y gobernanza. La trazabilidad de los requisitos tiene un impacto considerable en el producto final de la solución y en los servicios. Si no logramos rastrear los requisitos de los bloques de construcción de la solución, puede ser un desafío cumplir con los niveles de servicio requeridos, y lo más probable es que puedan surgir problemas en el proyecto.

Como Arquitectos Empresariales, guiamos a los arquitectos líderes del sector para que presten la máxima atención a los aspectos funcionales y no funcionales de las soluciones. Para ello, empiezan con los requisitos. Típicamente, podemos categorizar los requisitos en dos tipos principales: Funcional y no funcional. Tanto los componentes funcionales como los no funcionales se aplican a los programas de modernización de las empresas.

Junto con los aspectos no funcionales, el rigor arquitectónico y la flexibilidad deben ser equilibrados para lograr la funcionalidad.

El dominio líder y los arquitectos de la solución necesitan entender bien los detalles de los aspectos funcionales y no funcionales de la solución. Los requisitos funcionales y no funcionales son como el yin y el yang inseparables. Deben analizarse y documentarse de forma integrada. Vamos a definir brevemente estos dos tipos de requisitos y entender su naturaleza.

Los requisitos funcionales de una solución implican lo que el sistema ofrece a los consumidores como funcionalidad a realizar. Por ejemplo, el sistema puede ofrecer cálculos, procesamiento de datos y flujos de trabajo. Los requisitos funcionales suelen estar relacionados con los consumidores de la solución. Describen lo que los consumidores esperan de los productos y servicios de la solución.

Los aspectos no funcionales se refieren a la forma en que el sistema puede realizar estas funcionalidades, como el rendimiento, la disponibilidad, la seguridad, la fiabilidad, la escalabilidad, la usabilidad, la configuración, etc. Se trata principalmente de requisitos técnicos y operativos. Las tareas relacionadas con los requisitos no funcionales se refieren a los equipos de apoyo y mantenimiento de TI.

Debido a los múltiples desafíos que rodean a los programas de modernización de la empresa, el desarrollo de una solución exitosa no es una tarea fácil para cualquier arquitecto de dominios o soluciones. La fase de requisitos plantea múltiples retos arquitectónicos. Algunos de estos retos relacionados con los aspectos no funcionales son la movilidad, la fiabilidad, la escalabilidad, la gestión de la configuración, la disponibilidad, la interoperabilidad, la seguridad y la privacidad.

Tomemos como ejemplo la escalabilidad. Las soluciones de modernización de las empresas requieren una escalabilidad global y planes de capacidad completos. Múltiples aplicaciones requieren la integración con una miríada de dispositivos en el ecosistema modernizador. Gestionar la distribución de dispositivos a través de redes y el entorno de aplicaciones puede ser una tarea complicada. Es necesario un aumento o una disminución dinámica de la capacidad, junto con la escalabilidad vertical y horizontal y la extensibilidad de las soluciones. Los requisitos de escalabilidad y capacidad deben documentarse en el documento de requisitos no funcionales y adaptarse a los componentes básicos de la solución. Debemos ser conscientes de que estos requisitos deben ser trazables a cada uno de los componentes de la solución de modernización. Un bloque de construcción de solución es la unidad más pequeña de la solución desde el punto de vista de la funcionalidad.

Casos de uso de la Modernización

Para mejorar aún más los requisitos, necesitamos empezar a recopilar y analizar los casos de uso de las soluciones. Como Arquitectos Empresariales, debemos ayudar a los arquitectos de soluciones y dominios a obtener, analizar, comprender y validar los casos de uso de la modernización. Los casos de uso validados pueden ser muy beneficiosos para la validación de requisitos y la toma de decisiones arquitectónicas.

Un caso de uso es una situación específica en la que un producto o servicio se encuentra en una solución para ser utilizado por los consumidores. Desarrollamos los casos de uso desde la perspectiva de los usuarios. Tenemos que entender cómo se pretende que los consumidores utilicen un determinado componente o aspecto de la solución. Normalmente, los requisitos funcionales pueden ayudarnos a formular los casos de uso; o, en algunas circunstancias, los casos de uso ayudan a formular los requisitos funcionales. Esto significa que los casos de uso y los requisitos de la solución están interrelacionados. Necesitamos analizar juntos los casos de uso y los requisitos, no de forma aislada.

Algunos usuarios seleccionados pueden ayudarnos a entender los casos de uso cuando interactuamos con ellos. Necesitamos hacer preguntas a los usuarios y obtener su opinión sobre cómo se pretende que utilicen una función que se espera que esté en los documentos de la solución de modernización.

En general, los casos generales de uso de la solución deben definirse y elaborarse con la participación de todas las partes interesadas en la solución, no sólo de los usuarios finales. Puede haber diferentes casos de uso para diferentes partes interesadas.

Los casos de uso también se pueden determinar en base a los roles y personajes que participan en el desarrollo de una solución. Los personajes representan personajes ficticios, que se basan en nuestro conocimiento de los usuarios de la solución. Identificar a las personas y el uso de las mismas en nuestro desarrollo de casos de uso y análisis de requerimientos puede ser muy beneficioso. Los métodos ágiles tienen un fuerte enfoque en el uso de las personas.

Una vez que los casos de uso son entendidos, documentados con precisión y aprobados por todas las partes interesadas, los requisitos pueden ser más explícitos, las decisiones pueden tomarse de manera más efectiva y los componentes básicos de la solución pueden desarrollarse con más confianza.

Ventajas y Desventajas

Las arquitecturas de modernización requieren hacer concesiones para alcanzar resultados óptimos en las soluciones. A la hora de hacer concesiones, debemos tener en cuenta varios factores cruciales, como el coste, la calidad, la funcionalidad, la usabilidad y muchos otros elementos no funcionales dentro de nuestro ámbito y nuestra hoja de ruta.

Podemos definir una compensación como la creación de un equilibrio entre dos elementos necesarios pero incompatibles. En otras palabras, una compensación es un compromiso entre dos opciones. Es posible hacer una compensación entre la calidad y el costo de determinados artículos. Por ejemplo, en una solución, es posible que necesitemos definir las interfaces de una aplicación, como por ejemplo, una dirección o bidireccional, y hacer las compensaciones necesarias para que cada opción alcance el objetivo deseado. Para mejorar la usabilidad, podemos considerar los artilugios preconstruidos para los cuadros de mando como una compensación de costes.

Debemos hacer concesiones arquitectónicas para tratar con las incertidumbres. Para este tipo de compensaciones, técnicas como la comparación y el contraste pueden ser beneficiosas. Nuestros compromisos deben ser muy claros para los ejecutivos patrocinadores, resaltando explícitamente las implicaciones financieras y comerciales.

Arquitecturas de Referencia

Una arquitectura de referencia es una solución reutilizable o un diseño en formato de plantilla. El uso de una arquitectura de referencia para las soluciones de modernización puede ahorrarnos una cantidad considerable de tiempo. Las arquitecturas de referencia son desarrolladas por arquitectos de soluciones experimentados basados en resultados exitosos obtenidos de las soluciones entregadas.

Esto significa que podemos confiar en las arquitecturas de referencia tal y como fueron entregadas con éxito. Siguiendo el mismo camino que nuestras especificaciones personalizadas, estas plantillas reutilizables pueden ahorrarnos una considerable cantidad de tiempo y mejorar la calidad de nuestras soluciones.

Como las arquitecturas de referencia son desarrolladas por arquitectos experimentados, también pueden guiarnos en el tratamiento de los aspectos desconocidos de las soluciones. Las arquitecturas de referencia se pueden utilizar para varios dominios, se pueden combinar para ampliar la funcionalidad y se pueden integrar para las soluciones de arquitectura finales.

Las arquitecturas de referencia se desarrollan sobre la base del espíritu de colaboración de muchas organizaciones. Algunos arquitectos comparten sus experiencias interna o externamente por diversas razones. Por ejemplo, algunos arquitectos las comparten con fines benéficos de devolución o de creación de redes, o para mejorar su reputación y reconocimiento en su sector. Sean cuales sean las razones por las que las comparten, las arquitecturas de referencia son recursos inestimables para nuestras arquitecturas de soluciones planificadas.

Las organizaciones de código abierto producen muchas arquitecturas de referencia en sus dominios. Existen dos fuentes principales para estas arquitecturas de referencia: o bien sus miembros las desarrollan como parte de un equipo de código abierto, o bien algunas empresas comerciales donan sus activos reutilizables a las organizaciones de código abierto como arquitecturas de referencia. El Open Group (TOG) es un ejemplo típico de este tipo de organización de código abierto.

Las arquitecturas de referencia pueden ser de alto nivel u otro nivel de detalle. Una arquitectura de referencia de IO típica a un alto nivel puede incluir puntos esenciales, como Portal, Tablero de Mandos, Gestión API, Análisis, Servicios, Comunicaciones, Dispositivos, Gestión de Dispositivos, Gestión de Seguridad, Infraestructura, etc. Las arquitecturas de referencia suelen representarse en diagramas con un texto mínimo para explicar las representaciones en los diagramas. La claridad es el factor principal para una arquitectura de referencia. Las arquitecturas de referencia suelen ser fáciles de entender y utilizar.

Como Arquitectos Empresariales, necesitamos animar a nuestros arquitectos de dominios y soluciones a aprovechar las arquitecturas de referencia disponibles relacionadas con las iniciativas de modernización y transformación de la empresa. También tenemos que animarles a crear sus arquitecturas de referencia y compartirlas con otros arquitectos de la empresa. Según mi experiencia, la reutilización inteligente puede ayudar a reducir sustancialmente los costes de la empresa.

Diseños y Modelos de Alto Nivel

Las iniciativas de modernización de empresas

requieren el desarrollo de múltiples diseños y modelos de alto nivel. El uso de varios modelos arquitectónicos puede ser instrumental.

Algunos de los modelos arquitectónicos vitales que podemos aplicar a las posibles soluciones de modernización son el Modelo de Componentes, el Modelo Operativo, el Modelo de Rendimiento, el Modelo de Seguridad, el Modelo de Disponibilidad, el Modelo de Servicios y el Modelo de Costes. Estos modelos deben ser documentados con precisión, revisados por los arquitectos del dominio y gobernados por el Consejo de Arquitectura o una Autoridad de Diseño de la organización.

La documentación de los modelos arquitectónicos puede incluir tanto explicaciones textuales como diagramas prácticos. Por ejemplo, para un modelo de componentes, todos los componentes y sus relaciones pueden ilustrarse claramente en un diagrama. Los componentes y sus funciones también se pueden explicar en detalle. Los diagramas pueden ser herramientas de comunicación útiles para los modelos porque el proceso de gobierno para manejar los modelos de arquitectura de la solución requiere presentarlos a la Junta de Arquitectura o a una Autoridad de Diseño. Con una comunicación eficaz, la obtención de aprobaciones de garantía técnica puede ser más rápida y sencilla.

También puede ser necesario obtener la aprobación de algunos de estos modelos por parte de las partes interesadas de los sectores financiero, comercial y otras empresas. Por ejemplo, el Modelo de Costos, el Modelo de Servicios y el Modelo de Disponibilidad pueden tener un contenido que requiere aprobación financiera. Recordemos que no sólo nos ocupamos del aspecto arquitectónico y técnico de la solución de modernización, sino también de los aspectos financieros y comerciales.

Como Arquitectos Empresariales, normalmente no creamos modelos o diseños de alto nivel, pero conocemos su importancia y guiamos al resto de arquitectos utilizando las mejores prácticas arquitectónicas. Nos aseguramos de que los diseños de alto nivel se produzcan utilizando nuestra estrategia y hoja de ruta y estén totalmente alineados para alcanzar los objetivos de soluciones óptimas.

Diseños Detallados y Especificaciones

Como cualquier otro sistema de TI empresarial, se espera que las soluciones de modernización y transformación cumplan todas sus especificaciones correctamente. La gestión integral de la configuración de las soluciones puede ser eficaz y útil cuando se trata de especificaciones.

En las soluciones de modernización, una especificación puede definirse como el acto de identificar con precisión los elementos del ecosistema empresarial. Dado que las especificaciones requieren precisión, la entrega de la especificación correcta es un requisito esencial para las aplicaciones empresariales y sus respuestas empresariales críticas y de emergencia asociadas.

En las soluciones de modernización, las especificaciones del sistema deben ser precisas, fiables y rápidas a la hora de recopilar datos, comunicar información, compartir datos y tomar decisiones precisas. La comunicación poco fiable de las especificaciones por parte de varios silos, las decisiones inexactas tomadas por esas especificaciones, su engorrosa disposición pueden conducir a resultados desastrosos al intentar detallar las soluciones de modernización.

Encontrar las especificaciones incorrectas durante la

fase de implementación y soporte de producción puede ser muy costoso debido a los enormes requerimientos de retrabajo. Además de la reelaboración, las implicaciones en los SLAs también pueden causar una considerable cantidad de pérdidas financieras a la organización.

Como Arquitectos Empresariales, establecemos y presidimos la autoridad de diseño para los programas de modernización y transformación dentro de nuestra área de responsabilidad. Debemos trabajar estrechamente con los arquitectos y los diseñadores de soluciones. No podemos permitirnos ningún silo en fase de diseño de alto nivel y detalle. Debe ser un equipo totalmente integrado y colaborativo bajo nuestro liderazgo técnico y arquitectónico. Este es un factor crítico de éxito para las soluciones de modernización y transformación de las empresas.

Resumen del Capítulo y Puntos Clave

La modernización de las empresas es un largo camino que lleva a la empresa del caos a la coherencia.

Se puede aplicar un enfoque de arriba hacia abajo y de abajo hacia arriba. En el negocio de nivel superior, los procesos de TI y en la infraestructura de TI de nivel inferior.

Necesitamos gestionar el alcance de manera eficiente y reflejar la realidad utilizando algunas estimaciones de recursos y cronogramas que aprovechen las habilidades de los gerentes de proyectos, programas y finanzas.

El proceso de estrategia de solución proporciona una evaluación objetiva de la situación actual. Alinea los objetivos del programa con los objetivos de la organización a nivel de la empresa y asegura que se cubran todas las brechas.

Utilizando la estrategia y considerando las dependencias de Arquitectos Empresariales desarrollamos una hoja de ruta de alto nivel para informar a los ejecutivos patrocinadores.

La hoja de ruta de la modernización puede incluir el estado actual a un alto nivel, el estado futuro, los principales objetivos de transformación, e indicar los resultados clave, los plazos y un coste aproximado de la modernización global.

La evaluación de la viabilidad de la modernización de la empresa debe incluir riesgos, limitaciones y dependencias clave a nivel de la empresa. Estos puntos deben organizarse adecuadamente para que tengan sentido para las partes interesadas del ejecutivo.

Una vez que los requisitos se han recopilado y analizado en una cantidad razonable, la siguiente actividad importante es priorizar los requisitos en función del impacto en el negocio.

Los Arquitectos Empresariales necesitan desarrollar criterios para priorizar los requisitos basados en los factores descritos en los documentos de estrategia y hoja de ruta, así como en los profesionales financieros y empresariales establecidos por los ejecutivos patrocinadores.

Un caso de uso es una situación específica en la que un producto o servicio se encuentra en una solución para ser utilizado por los consumidores. Desarrollamos los casos de uso desde la perspectiva de los usuarios.

Podemos definir una compensación como la creación de un equilibrio entre dos elementos necesarios pero incompatibles. En otras palabras, una compensación es un compromiso entre dos opciones.

Una arquitectura de referencia es una solución

reutilizable o un diseño en formato de plantilla. El uso de una arquitectura de referencia para las soluciones de modernización puede ahorrarnos una cantidad considerable de tiempo.

Las iniciativas de modernización de empresas requieren el desarrollo de múltiples diseños y modelos de alto nivel. El uso de varios modelos arquitectónicos puede ser instrumental.

Encontrar las especificaciones incorrectas durante la fase de implementación y soporte de producción puede ser muy costoso debido a los enormes requerimientos de retrabajo. Además de la reelaboración, las implicaciones de los acuerdos de nivel de servicio también pueden causar una cantidad considerable de pérdidas financieras a la organización.

Debemos trabajar estrechamente con los arquitectos y los diseñadores de soluciones. No podemos permitirnos ningún silo en fase de diseño de alto nivel y detalle. Debe ser un equipo totalmente integrado y colaborativo bajo nuestro liderazgo técnico y arquitectónico.

Capítulo 4: Redefinición de los Roles y Responsabilidades de los Arquitectos Empresariales para el Mundo Moderno

Propósito

En esta sección, exploramos y redefinimos las funciones, responsabilidades y rendiciones de cuentas vitales de Arquitectos Empresariales dentro de los contextos de modernización y transformación. Los puntos proporcionados en las secciones siguientes no son roles de trabajo, títulos de cargos o deberes generales. Estos puntos nos ayudan a reconocer el papel crítico de los Arquitectos Empresariales, específicamente para modernizar la empresa.

Permítanme subrayar que no nos centramos en la creación de una nueva arquitectura empresarial. Estamos tratando de modernizar una arquitectura empresarial establecida para satisfacer las crecientes demandas de los consumidores, crear nuevas perspectivas de negocio, generar nuevas oportunidades de negocio y potenciales flujos de ingresos.

En las siguientes secciones, también abordamos las actividades cotidianas y las interacciones de los Arquitectos Empresariales para potenciar los programas de modernización y los objetivos de solución asociados para el éxito estratégico planificado.

Responsabilidades de Arquitectura y Diseño para el Ciclo de Vida de la Modernización

La aplicación de un enfoque riguroso de arquitectura empresarial es un aspecto crítico de las iniciativas de modernización. Tengamos cuidado de que si el proceso de arquitectura empresarial sale mal en una iniciativa de modernización, todo lo demás sale mal. Todos los demás tipos de arquitectura, como la arquitectura de soluciones, la arquitectura de sistemas, la arquitectura de integración y otros dominios de arquitectura, dependen de la calidad de la arquitectura empresarial. Aparte de la arquitectura, las actividades subsiguientes del ciclo de vida de la modernización también se ven afectadas negativamente.

Después de una arquitectura validada, centrada en el negocio y pragmática que apoye la estrategia de modernización, el diseño (tanto de alto nivel como detallado) es el siguiente aspecto vital a considerar en el ciclo de vida de la modernización. Por lo tanto, los Arquitectos Empresariales también desempeñan el papel de una Autoridad de Diseño a nivel empresarial. Sin embargo, esto no significa que los Arquitectos Empresariales realicen actividades de diseño. Lejos de eso! No pueden hacer frente a una miríada de actividades de diseño. Puede haber múltiples arquitectos y diseños de soluciones para varios componentes. El papel de los Arquitectos Empresariales es supervisar el diseño utilizando una estructura de Autoridad de Diseño.

Una Autoridad de Diseño está formada por múltiples arquitectos con diversos conocimientos en diferentes campos. Los Arquitectos Empresariales son como un líder de orquesta sinfónica. De igual manera, los

Arquitectos Empresariales orquestan las actividades con su amplio conocimiento y comprensión de la estrategia, arquitectura, asuntos técnicos y negocios. Gobiernan la Autoridad de Diseño utilizando sus habilidades organizativas junto con otras habilidades arquitectónicas y su comprensión del negocio.

Los Arquitectos Empresariales deben tener habilidades de pensamiento estratégico, arquitectónico y de diseño. Estos estimados arquitectos necesitan articular el entorno empresarial actual con los altos ejecutivos patrocinadores, establecer los objetivos futuros del entorno empresarial y mostrar cómo cerrar la brecha para los objetivos de modernización entre estos dos entornos.

A un alto nivel, los Arquitectos Empresariales deben entender el alcance general de la modernización de la empresa, los requisitos de modernización y los casos de uso de las soluciones de modernización. Además, los Arquitectos Empresariales necesitan realizar Evaluaciones de Viabilidad que son críticas para los programas de modernización de las empresas. Estos arquitectos deben evaluar regularmente los riesgos, problemas, dependencias y limitaciones teniendo en cuenta las fortalezas, debilidades, oportunidades y amenazas en sus tareas cotidianas.

Gobernabilidad Dinámica y Flexible

Los Arquitectos Empresariales son responsables de la gobernabilidad arquitectónica y técnica. La gobernabilidad técnica es un aspecto esencial de las iniciativas de modernización. Los programas de modernización requieren un modelo de gobierno particular debido a su naturaleza. Un modelo de gobierno dinámico y flexible es esencial para las iniciativas de modernización.

Los modelos tradicionales de gobernabilidad opresiva basados en normas estrictas y extremas pueden ser obstáculos para el progreso. Los principios de agilidad se adaptan mejor a los modelos de gobierno dinámico.

Los Arquitectos Empresariales suelen desempeñar el papel de responsables de la gobernabilidad técnica en programas de modernización de gran envergadura. Pueden tener roles formales de gobernabilidad. Por ejemplo, estos arquitectos pueden dirigir los comités de revisión de arquitectura o los foros de autoridades de diseño establecidos para programas de modernización complejos.

Uno de los marcos comunes para la gobernabilidad técnica en la industria es COBIT (Objetivos de control para las tecnologías de la información y las comunicaciones). El uso de marcos de trabajo como COBIT puede ayudar a las organizaciones a obtener un valor óptimo de sus inversiones en TI al mantener un equilibrio entre la obtención de beneficios y la optimización de los niveles de riesgo y el uso de recursos. Puede haber otro modelo de gobierno basado en la industria a la que pertenece y a la que se adhiere la empresa.

Distinción Técnica

Los Arquitectos Empresariales que llevan a cabo programas de modernización deben tener una experiencia tecnológica distinta que cubra un amplio espectro de tecnologías en todos los ámbitos de la TI. Deben ser profesionales técnicamente eminentes. La eminencia técnica se refiere a la experiencia técnica reconocida interna y externamente a la organización de un líder técnico que es influyente y tiene un alto impacto tanto en la comunidad técnica como en la empresarial.

La eminencia profesional y técnica de los

Arquitectos Empresarios requiere no sólo experiencia en áreas técnicas y arquitectónicas, sino también en todos los dominios asociados y relacionados en un ámbito más amplio. Los Arquitectos Empresariales deben tener fuertes habilidades en la industria, demostrar liderazgo de pensamiento, y poseer experiencia en múltiples campos. Estos arquitectos son muy apreciados y solicitados por sus opiniones y contribuciones a las iniciativas de modernización.

Liderar la empresa para la modernización requiere factores distintivos en múltiples dominios tecnológicos con un entendimiento amplio y profundo hasta cierto punto. La eminencia técnica y la distinción profesional son requisitos previos para los Arquitectos Empresariales.

Comunicación Empresarial y Técnica

Los Arquitectos Empresariales necesitan hablar tanto el lenguaje empresarial como el técnico en los proyectos de modernización. Necesitan comunicar la visión, la estrategia, los planes, los objetivos y los beneficios de los esfuerzos de arquitectura empresarial en todas las organizaciones y líneas de negocio de TI. También comunican la estrategia, las metas y los objetivos de la arquitectura para aumentar la conciencia en toda la empresa de forma continua.

Para los arquitectos empresariales que se ocupan de las iniciativas de modernización, es esencial contar con habilidades de comunicación excepcionales. Sus habilidades de comunicación son muy respetadas y buscadas por sus pares, gerentes y clientes. Se espera que se comuniquen a todos los niveles con confianza y facilidad. Deben articular las situaciones más complejas y los asuntos técnicos con todas las partes interesadas en un lenguaje que esas personas puedan entender. Los Arquitectos Empresariales también necesitan animar a los miembros de su equipo a comunicarse de forma clara y eficaz para compartir sus conocimientos en el equipo de arquitectura o fuera de los equipos inmediatos. Se espera que los Arquitectos Empresariales sean mentores y entrenadores de comunicación. Necesitan observar a los miembros de su equipo y proporcionar una retroalimentación constructiva para sus capacidades de comunicación. Los Arquitectos Empresariales también necesitan animar a los miembros de su equipo a comunicarse de forma clara y efectiva para compartir sus conocimientos en el equipo de arquitectura o fuera de los equipos inmediatos.

Se espera que los Arquitectos Empresariales sean mentores y entrenadores de comunicación. Necesitan observar a los miembros de su equipo y proporcionar una retroalimentación constructiva para sus capacidades de comunicación.

Los Arquitectos Empresariales deben articular cuestiones y herramientas tecnológicas sofisticadas, tanto para los técnicos en los detalles necesarios como para las partes interesadas del negocio, utilizando los términos y referencias correctos con claridad.

Catalizador de la Innovación

Los Arquitectos Empresariales deben ser innovadores y catalizadores de la innovación. Necesitan ser creativos y pensadores originales. Estos arquitectos necesitan continuamente combinar, comparar y contrastar cosas para crear nuevos significados, nuevos entendimientos, nuevos casos de uso y nuevas propuestas de valor.

Hasta cierto punto, en las agendas de

modernización, estos arquitectos también tienen que ser inventivos y, preferiblemente, convertirse en inventores. Necesitan ver las cosas desde una perspectiva novedosa. Estos arquitectos deben crear nuevos valores para los viejos conceptos, términos o ideas. Deben mirar las cosas desde diferentes ángulos. Este pensamiento inventivo es un requisito esencial para alcanzar los objetivos de modernización de las empresas.

Los Arquitectos Empresariales deben entender el valor de la innovación. Tienen que convertirse en un catalizador de la innovación y seguir innovando sin descanso. Estos arquitectos deben crear una cultura de la innovación en la empresa e integrarla en el ecosistema de las organizaciones.

Mentoría y Coaching

La tutoría y el coaching son un cambio cultural y un requisito esencial para la modernización de los entornos. Debe haber una constante nutrición y transferencia de conocimientos de arriba a abajo. Con este fin, los Arquitectos Empresariales deben ser mentores para los miembros de su equipo, otros miembros del equipo, personas de organizaciones asociadas, estudiantes de universidades e incluso personas externas de otras organizaciones. Necesitan compartir generosamente sus conocimientos y transferirlos a cualquiera que los necesite para utilizarlos en los compromisos de modernización.

Estos arquitectos también necesitan ser buenos en entrenar a sus compañeros, subordinados y miembros de equipos cruzados, siendo una caja de resonancia para ellos. Los miembros del equipo junior pueden sentirse fácilmente abrumados por el rápido ritmo y los cambios de los programas de modernización. Observé que algunos distinguidos arquitectos empresariales son excelentes oyentes e incluso contribuyen al bienestar de los miembros de su equipo, proporcionando sesiones de coaching para colegas estresados, lo que resulta en resultados terapéuticos. Se trata de líderes muy respetados y solicitados que realizan verdaderos cambios culturales para satisfacer las exigencias de los objetivos de modernización de las grandes organizaciones.

Los Arquitectos Empresariales necesitan proporcionar tutoría técnica a otros gerentes y ejecutivos que no son tan expertos en tecnología y que luchan con las complejas demandas de las iniciativas de modernización. Sus capacidades de tutoría y coaching pueden ayudar a los miembros del equipo que no son técnicos a alcanzar roles más grandes y mejores en la empresa. Pueden entrenar a estos miembros no técnicos del equipo como uno a uno o en grupos. La tutoría y el coaching deben ser una actividad continua en los programas de modernización de las empresas.

Catalizador de Cambio

El cambio es fundamental para la modernización de las empresas. Todo cambia continua y rápidamente. El liderazgo del cambio es una función vital para la modernización. Enfrentarse a un cambio rápido no es algo trivial y, de hecho, requiere habilidades, experiencia y conocimientos delicados.

Los Arquitectos Empresariales deben ser catalizadores para el cambio continuo. Con sus contribuciones catalizadoras, necesitan refrescar la cultura para lograr paisajes más ágiles, colaborativos, inventivos e innovadores en la empresa.

Estos arquitectos deben crear conjuntos de prácticas

innovadoras en el ecosistema. Sus atributos, como ser receptivos, compartir y aprender mutuamente, y divertirse con alegría en un ambiente de equipo agradable, pueden tener un tremendo impacto en la mejora de la cultura para un cambio positivo.

Una Nueva Forma de Aprender

El aprendizaje es un proceso interminable en entornos de transformación que conduce a la modernización de las empresas heredadas. Debido a los cambios en las tecnologías, procesos y herramientas, los arquitectos empresariales y sus colegas responsables de otros aspectos arquitectónicos necesitan aprender rápida y eficientemente. Los Arquitectos Empresariales pueden tener una amplia variedad de estilos de aprendizaje. Basándose en las situaciones y condiciones, necesitan aprender formal e informalmente en función de las circunstancias. Deben convertir toda interacción posible en una oportunidad potencial de aprendizaje.

Los Arquitectos Empresariales deben crear oportunidades de aprendizaje para ellos mismos y para los miembros de su equipo. También necesitan enseñar a otras personas de forma activa y bajo demanda. Al enseñar a los miembros de su equipo, aprenden más y mejor. Esta nueva forma de aprendizaje es fundamental para satisfacer las exigencias de los objetivos de modernización de las empresas.

Apoyo al Talento

El talento es esencial en las soluciones de modernización empresarial. Por lo tanto, los Arquitectos Empresariales necesitan entender el valor y la importancia del talento para los programas de modernización. Sin talento de calibre, los programas de modernización de las empresas no pueden progresar productivamente.

Para ello, los arquitectos de la arquitectura empresarial deben ser muy cautelosos a la hora de cultivar y mantener el talento en sus equipos. Necesitan hacer todo lo posible para retener a los talentos valiosos en sus equipos. No podemos dejar de insistir en que el talento es un factor crucial para facilitar los productos y servicios básicos de las empresas en proceso de modernización. Sin talento, una organización no puede ser competitiva en sus objetivos de modernización. Existe una constante búsqueda de talento en la industria para asegurar estos escasos recursos.

Para concluir, los Arquitectos Empresariales necesitan desempeñar funciones de gestión del talento y de facilitación. Deben animar a los miembros menos jóvenes del equipo a rendir mejor y convertirlos en jugadores talentosos. Estos arquitectos también tienen que detectar los malos resultados en el equipo y ayudar a eliminar a los empleados con malos resultados y sustituirlos por miembros del equipo con talento que puedan contribuir realmente a la visión de la modernización.

Equipos de alto rendimiento

La modernización de la empresa requiere miembros del equipo que puedan realizar y producir al más alto nivel posible. Estos miembros del equipo deben tener un rendimiento óptimo en todo momento para hacer frente a los retos de los programas de modernización. Sus habilidades y capacidades deben ser probadas y validadas para adecuarse al tipo de trabajo que realizan.

La creación de equipos de alto rendimiento es fundamental para el éxito de la modernización de las empresas. Los arquitectos empresariales deben crear equipos de colaboración, que funcionen bien y tengan un alto rendimiento para llevar a cabo iniciativas de transformación digital exitosas.

Estos arquitectos experimentados necesitan crear equipos técnicos locales proactivos y comprometidos y una comunidad de prácticas como actividades de devolución. Estos equipos de alta calidad y la comunidad colaborativa de prácticas pueden generar soluciones innovadoras y de alta calidad con agilidad. Contribuyen de forma ideal a la modernización, a la transformación digital y a los objetivos de fusión.

Detectores de Puntos Ciegos

La gente tiene puntos ciegos todo el tiempo. Es una situación natural e inevitable. Los puntos ciegos pueden ser peligrosos en muchas circunstancias, especialmente en iniciativas de modernización. El propietario del punto ciego no puede ver su punto ciego a menos que utilice herramientas específicas o la ayuda de alguien más experimentado.

Los hábitos y los patrones de pensamiento habituales son causas comunes de los puntos ciegos. Concentrarse en los detalles sin ver el cuadro completo también puede causar pensamientos nublados y, en última instancia, puntos ciegos peligrosos. Sin embargo, los Arquitectos Empresariales son astutos y observadores profesionales. Necesitan buscar imágenes grandes desde múltiples ángulos y bucear en profundidad cuando sea necesario, por lo que pueden identificar rápidamente los puntos ciegos y las debilidades experimentadas por los miembros de su equipo.

Los Arquitectos Empresariales necesitan articular

situaciones con retroalimentación constructiva, muchos ejemplos clarificadores, metáforas y símiles. Este influyente enfoque de articulación puede ayudar a las personas a ver sus puntos ciegos, comprender sus debilidades y convertirlas en fortalezas. En relación con los puntos ciegos, la identificación de agendas ocultas y costes ocultos es fundamental para las iniciativas de modernización de las empresas.

Tomando Medidas

La adopción de las medidas necesarias es esencial para la modernización de las empresas. Los Arquitectos Empresariales necesitan centrarse en medidas cualitativas y cuantitativas para el éxito del equipo. Estos arquitectos pueden gestionar a través de complejas estructuras matriciales en sus organizaciones. Como profesionales orientados a la métrica, los Arquitectos Empresariales necesitan utilizar KPIs (Key Performance Indicators = Indicadores Clave de Desempeño). Deben utilizar un tablero de control del equipo para ver las tendencias y calificar y cuantificar el progreso en formatos visuales para los miembros del equipo y las partes interesadas del negocio.

Los Arquitectos Empresariales también necesitan animar a otros miembros del equipo a crear su tablero y tablero compartido para el equipo. Deben convertir a la empresa en una organización basada en datos para medir estructural y metódicamente el progreso de los objetivos de modernización.

Una de las medidas clave es la orientación al cliente y los mecanismos de apoyo. Estos arquitectos aseguran que se proporcione una perspectiva centrada en el cliente, centrándose en la mejora continua de la experiencia del cliente con resultados medibles.

Liderazgo de Pensamiento

Los Arquitectos Empresariales deben ser los `líderes del pensamiento'. El liderazgo de pensamiento es una necesidad y una demanda crítica en los entornos de modernización, para cambiar las culturas y transformar los ecosistemas. Los Arquitectos Empresariales, como líderes de pensamiento, son excelentes líderes técnicos en la modernización de empresas.

Estos arquitectos necesitan pensar digitalmente. En otras palabras, necesitan ser líderes de pensamiento digital para lograr los objetivos de modernización. En el pasado, solíamos llamarlos líderes con mentalidad tecnológica. Ahora usamos el término de pensadores digitales o líderes de pensamiento digitales. Algunos también los llaman líderes de opinión digitales. El punto vital en este contexto es ser un modelo a seguir en la práctica de las tendencias digitales.

Los arquitectos empresariales deben ser los impulsores de las transformaciones digitales ubicuas a nivel personal y organizativo. Como casi todas las organizaciones tienen hoy en día algún programa de modernización, los Arquitectos Empresariales que lideran estas empresas deben pensar digitalmente. Deben ser líderes de pensamiento y estar a la vanguardia de las iniciativas de modernización digital.

Creador de Resultados

Los resultados tangibles son esenciales para el éxito de la modernización de las empresas. Los programas de modernización requieren resultados tangibles de forma iterativa en lugar de monolítica. Por ejemplo, algunos resultados tangibles pueden ser la virtualización de plataformas, la creación de contenedores, la creación de recursos compartidos reutilizables, la revisión de productos y servicios acordados.

Los arquitectos empresariales deben prestar especial atención a proporcionar resultados tangibles con el apoyo de los miembros de su equipo. El entorno de modernización presenta un cambio constante y rápido y cualquier cambio es importante en el ecosistema en transformación.

Estos pequeños y rápidos cambios conducen a resultados tangibles más significativos en las últimas etapas de la modernización; por ejemplo, los sistemas pueden necesitar estar totalmente automatizados, sin conexión directa, orientados al servicio, definidos por el software, autodidactas, autodidactas, autogestionadas y autocurativas son algunos de los ejemplos que cabe mencionar en este contexto.

Antecedentes Profesionales

Por último, pero no por ello menos importante, los Arquitectos Empresariales deben tener una profunda formación técnica y experiencia a nivel de especialistas, comenzando como técnicos junior. Los arquitectos empresariales con formación técnica pueden ser muy diferentes de otros arquitectos con formación en gestión con conocimientos técnicos, habilidades y experiencia limitados. Aunque ambos tipos de arquitectos tienen valor para el negocio, la dinámica puede ser muy diferente de la innovación, la agilidad, la colaboración y las perspectivas de excelencia técnica.

Mis observaciones revelan que los arquitectos

empresariales seleccionados con una amplia experiencia técnica, junto con excelentes habilidades empresariales y humanas, pueden ser más productivos y eficaces en entornos de modernización complejos. Aquellos arquitectos que provienen de una sólida formación técnica pueden ser arquitectos excepcionales.

Irónicamente, no todos los técnicos pueden ser arquitectos competentes. Por lo tanto, necesitamos explorar los atributos que hacen de un técnico un excelente Arquitecto Empresarial. Con el debido respeto a los arquitectos procedentes de las escuelas avanzadas de gestión y liderazgo u otros entornos académicos con años de experiencia, mis observaciones revelaron que la mayoría de estas personas hábiles son verdaderos líderes, sin embargo, en general, no son necesariamente candidatos ideales para ser Arquitectos Empresariales para marcar una diferencia real en las importantes iniciativas de modernización de la empresa. Por supuesto, hay profesionales de la gestión autodidactas con una notable pasión por la tecnología que constituyen la excepción en algunos casos para liderar iniciativas complejas de modernización en grandes empresas.

Resumen del Capítulo y Puntos Clave

La aplicación de un enfoque riguroso de arquitectura empresarial es un aspecto crítico de las iniciativas de modernización.

Además de presidir la Junta de Revisión de Arquitectura, los Arquitectos Empresariales también desempeñan el papel de una Autoridad de Diseño a nivel empresarial.

Los Arquitectos Empresariales deben tener habilidades de pensamiento estratégico, arquitectónico y de diseño.

Los Arquitectos Empresariales deben entender el alcance general de la modernización de la empresa, los requisitos de modernización y los casos de uso de las soluciones de modernización.Los Arquitectos Empresariales deben evaluar regularmente los riesgos, los problemas, las dependencias y las limitaciones teniendo en cuenta los puntos fuertes, los puntos débiles, las oportunidades y las amenazas para apoyar las iniciativas de modernización de las empresas.

Un modelo de gobernanza dinámico y flexible es esencial para las iniciativas de modernización. Los modelos tradicionales de gobernanza opresiva basados en normas estrictas y extremas pueden ser obstáculos para el progreso.

Los arquitectos empresariales que lleven a cabo programas de modernización deben tener una eminencia técnica y una experiencia tecnológica distinta que cubra un amplio espectro de tecnologías en todos los ámbitos de la tecnología de la información.

Los arquitectos empresariales necesitan comunicar la visión, estrategia, planes, objetivos y beneficios de los esfuerzos de arquitectura empresarial en todas las organizaciones y líneas de negocio de TI.

Los Arquitectos Empresariales deben articular las situaciones más complejas y los asuntos técnicos con todas las partes interesadas en un lenguaje que esas personas puedan entender mediante la personalización de los mensajes en función del perfil del público.

Los arquitectos empresariales deben ser innovadores y catalizadores de la innovación. Necesitan ser creativos y pensadores originales.

Los arquitectos de la empresa necesitan

proporcionar asesoramiento arquitectónico y técnico a todas las partes interesadas en la empresa.

Los Arquitectos Empresariales deben ser catalizadores para el cambio continuo. Con sus contribuciones catalizadoras, necesitan refrescar la cultura para lograr paisajes más ágiles, colaborativos, inventivos e innovadores en la empresa.

Como líderes y profesores activos, los Arquitectos Empresariales deben crear oportunidades de aprendizaje innovadoras para ellos mismos y para los miembros de sus equipos.

Los arquitectos empresariales necesitan desempeñar funciones de gestión del talento y de facilitación. Necesitan ser muy cautelosos para nutrir y retener talentos valiosos en sus equipos.

La creación de equipos de alto rendimiento es fundamental para el éxito de la modernización de las empresas. Los arquitectos empresariales deben crear equipos de colaboración, que funcionen bien y tengan un alto rendimiento para llevar a cabo iniciativas de transformación digital exitosas.

Los Arquitectos Empresariales necesita articular situaciones con retroalimentación constructiva, muchos ejemplos clarificadores, metáforas y símiles. Este influyente enfoque de articulación puede ayudar a las personas a ver sus puntos ciegos, comprender sus debilidades y convertirlas en fortalezas.

En los programas de modernización, los arquitectos necesitan utilizar indicadores clave de rendimiento. Deben utilizar los tableros de control del equipo para ver las tendencias y calificar y cuantificar el progreso en formatos visuales para los miembros del equipo y las partes interesadas del negocio.

El liderazgo de pensamiento es una necesidad y una demanda crítica en los entornos de modernización, para cambiar las culturas y transformar los ecosistemas.

Los arquitectos empresariales deben prestar especial atención a proporcionar resultados tangibles con el apoyo de los miembros de su equipo. El entorno de modernización presenta un cambio constante y rápido y cualquier cambio es importante en el ecosistema en transformación.

Capítulo 5: Agilidad y Fusión Innovadora para la Empresa Moderna

Propósito

En esta sección, pretendemos entender la importancia de la innovación como factor de empoderamiento para la modernización de las empresas. Intento ofrecer mis observaciones y reflexiones sobre cómo los arquitectos empresariales pueden utilizar la innovación junto con la colaboración y los principios del enfoque centrado en la fusión para iniciar, potenciar y cumplir los objetivos de modernización de la empresa. Empecemos por definir la innovación en este contexto.

Definición de Innovación

Podemos definir la innovación en diferentes términos basándonos en el tipo de trabajo, las profesiones, la industria y otros antecedentes. En este libro, mi definición de innovación es el uso de la creatividad para generar nuevas ideas, nuevos métodos, nuevos enfoques, nuevas técnicas, nuevos procesos y nuevas herramientas o mejorar el entorno actual para obtener conocimientos, añadir valor empresarial, reducir costes e incrementar los ingresos.

La innovación se relaciona con la novedad, la mejora, las iteraciones y el progreso continuo y constante. El pensamiento innovador genera ideas nuevas, se centra en mejorar las ideas y se esfuerza por lograr un progreso iterativo. Para ello, la innovación está estrechamente relacionada con los principios de la entrega ágil.

La innovación y la excelencia técnica están estrechamente vinculadas e interrelacionadas. La innovación enciende la excelencia técnica, y la excelencia técnica permite la innovación. Por lo tanto, los Arquitectos Empresariales deben ser innovadores por naturaleza. Necesitan practicar la innovación en su vida diaria y motivar a las personas que les rodean para que innoven constantemente.

La innovación alimenta la cultura y es un aspecto crítico de un ecosistema modernizador en las organizaciones. Las culturas empresariales que adoptan la innovación pueden renovarse naturalmente para sobrevivir y prosperar en condiciones fluctuantes que son típicas de la modernización de las empresas. Estas empresas se extienden a las siguientes generaciones con un progreso constante, una imagen renovada, servicios mejorados y capacidades más sólidas.

Pensamiento Innovador

La innovación empieza por pensar de forma diferente. El pensamiento innovador requiere múltiples modos de pensar. Tradicionalmente, la mayoría de nosotros pensamos verticalmente, linealmente o en binario. Usualmente usamos tipos de pensamientos verticales y lineales para resolver problemas. La aplicación de la lógica y la racionalización de los pensamientos son algunas de las técnicas en este tipo de modo de pensamiento. El pensamiento lineal es profundo, capa por capa, y de una manera lógica. El pensamiento binario consiste en términos simples como sí o no, blanco y negro, bueno o malo.

A diferencia del pensamiento vertical, el pensamiento horizontal que cubre más amplitud que profundidad, que también fue acuñado como "pensamiento lateral" por Edward de Bono, es un tipo de pensamiento que busca generar ideas impredecibles rompiendo los rígidos patrones de pensamiento. El pensamiento lateral desafía las suposiciones. Busca alternativas y va más allá de lo ordinario, creando soluciones radicales.

El tipo de pensamiento horizontal es beneficioso para la creación de innovaciones. Hay diferentes técnicas que podemos utilizar para el pensamiento horizontal. Algunas técnicas comúnmente utilizadas para el pensamiento horizontal son las aleatorizaciones, las distorsiones, las inversiones, las exageraciones, las metáforas, las analogías, los sueños, la minería temática, el cuestionamiento de las normas y la creación de contradicciones.

Una de las técnicas prácticas que los Arquitectos Empresariales necesitan utilizar es el mapeo mental. Deben articular sus pensamientos utilizando mapas representativos en papel o en una pizarra. También necesitan usar otras representaciones visuales, como dibujar en una pizarra mientras explican ideas abstractas. La gente puede visualizar mejor las ideas abstractas mirando los dibujos. Sé que muchos de los Arquitectos Empresariales de mis equipos tienen excelentes habilidades de dibujo. Demuestran que el proverbio de una imagen dice más que mil palabras.

Cultura y Ecosistema de Innovación

Muchas empresas crean una cultura de la innovación integrada en su ecosistema modernizador. Los Arquitectos Empresariales son el catalizador para la formación y el mantenimiento de la cultura de la innovación. Con el apoyo de sus líderes técnicos, los miembros del equipo de estas culturas desafían continuamente el status quo. Las personas aceptan los cambios y los desafíos de las culturas innovadoras.

En estas organizaciones modernizadoras, la innovación se vuelve habitual. Los miembros del equipo se esfuerzan por alcanzar la excelencia mediante la creación de innovaciones en sus tareas cotidianas. A nadie se le llaman nombres raros u otros adjetivos críticos. En cambio, la innovación es bienvenida, elogiada e incluso premiada de diferentes maneras. La gente acepta el cambio constante, aunque a veces sea doloroso. Aprenden a convertir el dolor en placer con los resultados gratificantes de las transformaciones evidentes.

Las personas colaboran mejor en culturas innovadoras. Se ven a sí mismos con las condiciones cambiantes en nuevas posiciones. No se resisten porque saben que el cambio puede serles útil. En estas culturas innovadoras, cuentan con centros de excelencia o laboratorios de ideas. Realizan pruebas y errores continuos para crear y probar nuevas ideas. Pueden fracasar a veces, pero fracasan rápidamente y vuelven a la realidad con un mejor conocimiento. Ellos ven las pruebas que fallan como nuevas definiciones.

Los Arquitectos Empresariales deben ser catalizadores de las innovaciones. Necesitan apoyar la cultura innovadora y regar el jardín de la innovación regularmente para sobrevivir y prosperar. No sólo deben innovar, sino también permitir que otros innoven.

Cómo Incentivar la Innovación en la Modernización de la Empresa

Aprovechar e impulsar el pensamiento creativo da como resultado la innovación. Para Los Arquitectos Empresariales, la innovación debe convertirse en un hábito o, mejor dicho, en un estilo de vida. Estos líderes necesitan entender la importancia de la innovación para la transformación digital y los objetivos de modernización e inspirar a sus seguidores a ser innovadores también. La mejor manera para que los arquitectos empresariales enciendan la innovación es ser un modelo a seguir para sus seguidores. Necesitan animar a los miembros del equipo a innovar, y les recompensan por sus logros innovadores.

Para encender la innovación, los Arquitectos Empresariales deben considerar las condiciones del mercado, las necesidades de los clientes, y mapear las capacidades de la organización y luego definir las áreas de enfoque de la agenda de innovación para permitir la transformación digital.

Uno de los métodos que Los Arquitectos Empresariales necesita utilizar son las actividades de pensamiento de diseño que tienen lugar diariamente en las interacciones del equipo. El pensamiento de diseño permite que el equipo sea intuitivo y lógico al mismo tiempo. El pensamiento de diseño permite a los miembros del equipo ser más creativos para reconocer nuevos patrones. Como el pensamiento de diseño está estrechamente asociado con los métodos ágiles, los profesionales del pensamiento de diseño progresan sus ideas de manera iterativa. Las iniciativas de modernización de las empresas requieren la adopción de un pensamiento de diseño en su cultura central.

La Innovación como Mentalidad

Los arquitectos empresariales necesitan tener una mentalidad de crecimiento para encender la innovación. Deben ayudar a los miembros de su equipo con una mentalidad fija a convertirse en una mentalidad de crecimiento, ya que es un factor esencial para sobrevivir y prosperar en la modernización de la empresa. La mentalidad de crecimiento que conduce a la innovación debe ser una característica incorporada en la personalidad de los arquitectos empresariales.

Metafóricamente, es como el aire y el agua para su supervivencia. Además de la supervivencia, estos arquitectos también necesitan usar la innovación para prosperar. Los Arquitectos Empresariales no sólo necesitan crear innovación a nivel personal sino también a través de la colaboración con los equipos inmediatos y los equipos extendidos. Deben seguir preguntándose cómo ofrecer experiencias innovadoras momento a momento de forma continua.

Los Arquitectos Empresariales deben llevar a un cambio de mentalidad en los equipos pequeños y grandes. Deben tener una actitud positiva de 'puede hacer' para cualquier desafío que tengan. Deben estar centrados en el cliente y ponerse en su lugar con gran empatía. Utilizando técnicas de pensamiento de diseño, pueden desarrollar mapas de empatía. Los arquitectos empresariales y los miembros de su equipo deben analizar a las personas utilizando mapas de empatía. Esta mentalidad forma parte de la práctica del pensamiento de diseño mencionada en las secciones anteriores.

Reconocer los Obstáculos para la Innovación

Es fundamental reconocer a los bloqueadores de la innovación y a los tapones de exposición. Los obstáculos a la innovación pueden ser de varias formas y desde varios ángulos. Uno de los principales obstáculos es mantener el statu quo. Las empresas y los procesos empresariales tradicionales mantienen el statu quo. Existe una fuerte resistencia al cambio en estas culturas.

Muchas organizaciones reconocen hoy en día la importancia de la innovación. Sin embargo, siempre hay un miedo y una resistencia ocultos a la innovación por parte de algunas personas que pueden tener agendas ocultas. Los Arquitectos Empresariales deben reconocer a aquellas personas que intentan sabotear la innovación en los programas de modernización. A pesar de que estas personas con una mentalidad negativa pueden ser minoritarias, todavía pueden tener un tremendo impacto adverso en la innovación en las organizaciones.

Una forma de tratar estos topes a la innovación es ser transparente para ellos y tener una conversación cara a cara. Los arquitectos de Los Arquitectos Empresariales encuentran formas de atraer a este tipo de personas y mostrar el valor y el beneficio de la innovación a este tipo de personas. Si esas personas pueden ver el valor por sí mismas, entonces pueden convertirse en partidarios de la innovación. El punto crítico es preguntarles y hacerles pensar positivamente.

La mentalidad de seguir como si nada hubiera pasado puede ser un obstáculo para la innovación. Los engorrosos procesos empresariales y los empleados cansados apenas pueden tener interés en la innovación, ya que no pueden ver la necesidad inmediata. La mejor manera es separar la innovación y el negocio como de costumbre como dos departamentos diferentes. Por supuesto, el negocio, como de costumbre, es esencial para que la organización continúe con su función actual, pero estas organizaciones también necesitan innovación para transformarse al mundo digital y obtener nuevas perspectivas, competitividad en el mercado y generación de ingresos. Los programas de modernización deben mantenerse separados de las prácticas habituales.

Resumen del Capítulo y Puntos Clave

La innovación empieza por pensar de forma diferente. El pensamiento innovador requiere múltiples modos de pensar.

Algunas técnicas comúnmente utilizadas para el pensamiento horizontal son las aleatorizaciones, las distorsiones, las inversiones, las exageraciones, las metáforas, las analogías, los sueños, la minería temática, el cuestionamiento de las normas y la creación de contradicciones.

Como catalizadores de la innovación para la modernización, Los Arquitectos Empresariales necesitan apoyar la cultura de la innovación y regar el jardín de la innovación regularmente para sobrevivir y prosperar.

Para encender la innovación, los Arquitectos Empresariales deben considerar las condiciones del mercado, las necesidades de los clientes, y mapear las capacidades de la organización y luego definir las áreas de enfoque de la agenda de innovación para permitir la transformación digital.

Como profesionales centrados en el cliente, Los Arquitectos Empresariales debe llevar a un cambio de mentalidad en equipos pequeños y grandes. Deben tener una actitud positiva de 'puede hacer' para cualquier desafío que tengan.

Los Arquitectos Empresariales deben reconocer a aquellas personas que intentan sabotear la innovación en los programas de modernización. A pesar de que estas personas con una mentalidad negativa pueden ser minoritarias, todavía pueden tener un tremendo impacto adverso en la innovación en las organizaciones.

Capítulo 6: Simplificando la Arquitectura para la Empresa Moderna

Propósito

La sencillez es un pilar crucial en nuestro marco. La simplicidad puede potenciar la modernización de las empresas. La simplicidad es un factor sustancial que afecta a las transformaciones digitales y a los programas de modernización. La simplicidad es también uno de los atributos críticos de los Arquitectos Empresariales. Estos arquitectos se esfuerzan por la simplicidad. Deben ser capaces de convertir la complejidad en simplicidad. La gestión de la complejidad es una habilidad esencial que deben poseer los Arquitectos Empresariales.

La simplicidad toca casi todos los ángulos de las soluciones de modernización, ya que están increíblemente involucrados con la complejidad. Por lo tanto, dediqué un capítulo a destacar la importancia y necesidad del pilar de la simplicidad. Empecemos a explorar la simplicidad definiéndola para llegar a un entendimiento común.

Significado de la Simplicidad

La simplicidad, en las empresas sofisticadas, es un tema paradójico. Cabe preguntarse cómo se puede esperar que las modernizaciones complicadas se lleven a cabo con simplicidad, ya que este tipo de actividad se refiere a la complejidad. Sí, la modernización es un tema complejo y requiere atributos sofisticados como un conocimiento profundo, habilidades variadas y una amplia experiencia. El punto es que utilizando estos sofisticados atributos debemos simplificar los complicados procesos, sistemas, herramientas y tecnologías.

Irónicamente, para crear simplicidad, uno necesita tratar con mucha complejidad, complicaciones y asuntos sofisticados. La obtención de los conocimientos necesarios, la adquisición de habilidades avanzadas y la adquisición de una experiencia sustancial no son actividades fáciles ni sencillas. Paradójicamente, necesitamos tratar con la complejidad para crear simplicidad.

Sin embargo, quien se ocupa de asuntos complejos y sofisticados también puede tener atributos extraordinarios para simplificar las cosas para otras personas. Crear simplicidad para comunicarse eficazmente con los demás es un atributo esencial de liderazgo para los Arquitectos Empresariales.

La simplicidad es una característica muy buscada en los servicios y productos de TI. El mundo digital moderno está formado por la simplicidad para los consumidores. A diferencia de la complejidad, la simplicidad es favorable para los consumidores. Por lo tanto, se espera que los líderes técnicos simplifiquen situaciones complejas y problemas complicados y ofrezcan soluciones sencillas.

los Arquitectos Empresariales puede articular los asuntos más complicados y complejos en un formato sencillo y comprensible para los demás. Sin embargo, la simplicidad requiere un conocimiento profundo y un pensamiento flexible. La simplicidad también se refiere a una comunicación clara. Una forma de comunicación clara es personalizar nuestro mensaje al nivel de las personas y al contexto correcto en el que nos comunicamos.

La simplicidad es un atributo deseado no sólo para la comunicación, sino también para tratar asuntos técnicos y construir relaciones. Los Arquitectos Empresariales. debe comunicarse en términos sencillos. Necesitan simplificar los asuntos técnicos al tratarlos. Deben establecer relaciones que representen simplicidad y eficiencia.

Los arquitectos empresariales deben centrarse en el consumidor y preguntarse cómo podemos crear productos y servicios simples, intuitivos y centrados en el ser humano. La simplicidad orientada al consumidor es un requisito para liderar equipos innovadores en las iniciativas de modernización. Los arquitectos empresariales, con esta capacidad, necesitan motivar a sus equipos para que piensen en términos simples cuando transmitan sus mensajes para procesos técnicos complicados.

El camino hacia la modernización de la empresa comienza con la simplificación de los sistemas, las herramientas, la tecnología y los componentes del proceso a todos los niveles y niveles. Una de las formas más eficaces de simplificar el proceso es automatizar las tareas rutinarias y las pilas de tecnología repetitiva. La automatización puede ayudar a simplificar. Los arquitectos empresariales, a la vez que profundizan en los detalles de la tecnología, también necesitan centrarse en las necesidades emergentes simplificándolas en términos de consumo.

Simplicidad del Proceso

Los consumidores se siguen quejando de que la tecnología crea complejidad y dificulta la comprensión de conceptos y objetos en el lenguaje humano natural. Por ejemplo, muchos consumidores se quejan de la engorrosa documentación escrita en un lenguaje enrevesado. También muestran su desaprobación por el volumen de documentos para el uso de un pequeño dispositivo de tecnología. Lo llaman un desperdicio.

Hay una desconexión generacional al tratar con la

simplicidad del proceso. La vieja generación solía leer manuales para resolver sus problemas informáticos. Las pilas de software solían venir con grandes archivos "léeme". Sin embargo, la nueva generación trabaja con la tecnología de forma intuitiva. Apenas miran los manuales de los productos. Si están atascados, normalmente verán un vídeo de YouTube sobre cómo hacer algo o cómo solucionar problemas. En lugar de leer, prefieren ver un video. Este es un cambio cultural dramático en las tecnologías de consumo.

Los programas de modernización líderes de los Arquitectos Empresariales deben tener la misión de simplificar los procesos empresariales y tecnológicos y centrarlos en el usuario. Este esfuerzo tiene como objetivo la eficiencia y la eficacia de los productos y servicios tecnológicos que conducen a la modernización y a las transformaciones digitales.

Simplicidad del Servicio

La tecnología se está transformando rápidamente hacia la orientación al servicio. La mayoría de los dominios tecnológicos se proporcionan sobre la base de modelos de servicios. La tendencia tecnológica más común es el modelo de servicios en la nube. En el modelo de servicios en la nube, todo se proporciona como servicios. Por ejemplo, los modelos de servicios en la nube pueden ser infraestructura, plataforma y software como servicio. De hecho, muchas otras pilas de tecnología como los Procesos de Negocio y los Grandes Datos pueden ser ofrecidos como un servicio.

El modelo de servicios requiere un grado considerable de simplificación para que los usuarios se beneficien del uso de las tecnologías. Los arquitectos empresariales que utilizan sus habilidades para simplificar los servicios, pueden añadir valor al negocio. Inspiran a los miembros de su equipo a simplificar todo mediante la empatía con los consumidores. La simplificación es un proceso innovador que los arquitectos empresariales deben liderar como modelos a seguir.

La simplicidad y la claridad están estrechamente relacionadas. Especialmente en la industria de servicios técnicos, proporcionar una experiencia transparente a los miembros del equipo técnico puede ser muy beneficioso. Además, poner esta experiencia transparente a disposición del usuario final en formatos aún más simplificados y explícitos para los patrones de uso puede añadir valor adicional a los objetivos de prestación de servicios.

La mejor manera de proporcionar simplicidad al consumidor es pensar como los consumidores. Los Arquitectos Empresariales deben seguir centrándose en los principios básicos de la simplificación de productos y servicios para obtener la mejor experiencia posible para el usuario y unos méritos de consumo satisfactorios.

Simplicidad de Diseño para la Modernización

La simplicidad del diseño es un factor esencial a tener en cuenta en los objetivos de modernización de las empresas. La simplicidad del diseño tiene un enorme impacto en las fases posteriores del ciclo de vida de la modernización, como la prestación de servicios y el soporte. Cuanto más simple sea el diseño, más eficaz será la entrega y mejor será el soporte del servicio.

La aplicación del pensamiento de diseño, combinado con la adopción de métodos ágiles para el diseño, es uno de los enfoques de simplificación. La simplificación es un factor que permite una prestación de servicios ágil. Los métodos ágiles buscan simplificaciones utilizando un enfoque iterativo. Las iteraciones son más simples que los trozos enteros.

Aplicando métodos ágiles en la fase de diseño, se simplifican los requisitos complicados utilizando casos de uso sencillo basados en personas. Los sistemas complejos se deconstruyen en partes más pequeñas y se tratan con trozos más sencillos. Las relaciones del sistema se simplifican con movimientos iterativos. El enfoque simplificador se centra en bloques de construcción más pequeños.

La mayoría de los servicios tecnológicos se ofrecen hoy en día de forma digital a través de dispositivos móviles como tabletas y smartphones. Los diseños móviles deben centrarse en la simplicidad eliminando el desorden de las pantallas debido a la naturaleza de las vistas de pantalla pequeñas. Estos tipos de diseños deben centrarse sólo en los objetos fundamentalmente esenciales. Estas actividades son consideraciones fundamentales para los objetivos de modernización de las empresas.

El diseño de sistemas complejos también requiere simplificaciones a través de diseños modulares y orientados al servicio. La modularidad y los enfoques modulares de las soluciones complejas son esenciales para la simplificación, la modernización y la transformación digital. Uno de los enfoques para los objetivos de modernización puede ser un recorrido basado en el dominio que simplifique los módulos de la infraestructura de TI, las aplicaciones, la arquitectura, el middleware, la seguridad, la red y los dominios de datos.

Para profundizar en la simplificación del diseño en el ámbito de la tecnología, tomemos como ejemplo los contenedores. Los contenedores descomponen las arquitecturas monolíticas interdependientes en componentes manejables e independientes. Un contenedor, como un sistema acoplado libremente, es un entorno de tiempo de ejecución completo en un paquete. Incluye dependencias, binarios, bibliotecas y archivos de configuración. Estas nuevas técnicas y enfoques nos ayudan a simplificar el proceso de diseño.

Los arquitectos de los Arquitectos Empresariales deben ser conscientes de la simplicidad del diseño. Necesitan organizar talleres para transmitir el mensaje de los diseños intuitivos centrados en el usuario y basados en principios de simplicidad.

Sencillez de las Especificaciones

Durante muchos años, el tiempo y la energía invertidos en el sistema y en las especificaciones de usuario de los productos y servicios de software y hardware fueron sustanciales. Cuestan una enorme cantidad de fondos para los proyectos que desarrollan las especificaciones con muchos ingenieros talentosos, arquitectos técnicos y otros especialistas técnicos. Sin embargo, se hizo evidente que la inversión realizada en estas especificaciones rindió en poco beneficio de lo esperado.

Las tendencias digitales, la cultura móvil y los enfoques ágiles introdujeron cambios sustanciales en el tratamiento de las engorrosas especificaciones, especialmente en lo que respecta a los usuarios o consumidores. Los detalles técnicos detallados para las especificaciones de los usuarios se consideraron innecesarios. Un enfoque interesante fue propuesto por los métodos ágiles y ganó atención a lo largo de una década. Los métodos ágiles proponían simplificaciones de las engorrosas especificaciones en formato de historias de usuarios.

Las historias de usuarios son plantillas simples, incluyendo las funcionalidades, capacidades y especificaciones desde el punto de vista de los usuarios o consumidores. Desarrollar y entender las historias de los usuarios consiste en una sola página puede ser mucho más cómodo y efectivo que desarrollar o leer cientos de páginas de especificaciones en los métodos tradicionales.

Sencillez en la Comunicación Técnica

Una comunicación eficaz requiere simplificación. Los Arquitectos Empresariales son capaces de simplificar la comunicación. El proceso de simplificación de la comunicación permite facilitar la comprensión de los problemas, los riesgos y las dependencias de manera eficaz. La comunicación simplificada es una tarea difícil, pero podemos aplicarla a nuestras interacciones cotidianas utilizando reglas y técnicas específicas. Los Arquitectos Empresariales pueden traducir problemas complejos en mensajes claros sobre los cuales se puede actuar, ejecutar con simplicidad y agilidad.

Abstenerse de las frases enrevesadas y, en cambio, utilizar un lenguaje preciso y declaraciones explícitas son factores esenciales para simplificar la comunicación. Aunque Los Arquitectos Empresariales pueden tener un amplio vocabulario y una amplia gama de términos técnicos, en particular un conocimiento profundo de los asuntos técnicos, necesitan ser capaces de utilizar un lenguaje sencillo para transmitir su mensaje al nivel de personas no técnicas. Por ejemplo, pueden usar diferentes términos y referencias mientras hablan con un gerente, una secretaria, un ejecutivo, un vendedor y un técnico. Pueden personalizar su mensaje según sea necesario.

Mientras que los Arquitectos Empresariales pueden usar términos comerciales avanzados para que los altos ejecutivos articulen un punto, necesitan usar términos técnicos profundos para hablar con ingenieros o especialistas técnicos. Esta conciencia, personalización y flexibilidad en la comunicación es una característica crucial de estos arquitectos.

La capacidad de atención de nuestra generación es relativamente baja debido a muchas interrupciones técnicas en nuestras vidas. Con este fin, Los Arquitectos Empresariales deben entender rápidamente el punto antes de perder la atención de la gente. Por ejemplo, pueden usar palabras animadas para ilustrar una situación en lugar de usar términos abstractos.

La sencillez en la comunicación escrita también es esencial. La gente no tiene mucho tiempo y cerebro para entender los detalles intrincados de un documento técnico. Los autores de las iniciativas de modernización de las empresas deben ser agudos y directos, con declaraciones claras. Las frases cortas son siempre preferibles para mejorar la legibilidad.

El principal beneficio de la simplificación de la comunicación oral y escrita es transmitir el mensaje deseado de manera eficaz en el menor tiempo posible. Es beneficioso abstenerse de utilizar jerga, palabras grandes y estructuras de frases complejas en la comunicación oral y escrita.

Ser capaz de articular una situación en los términos más sencillos posibles también puede aumentar la confianza de la persona objetivo al tratar con los Arquitectos Empresariales. Esta capacidad es esencial para las actividades de modernización de las empresas.

También se requiere el contexto adecuado para

simplificar el lenguaje. Es esencial equilibrar los aspectos cualitativos y cuantitativos a la vez que se transmite un mensaje a la audiencia. Los Arquitectos Empresariales son conscientes del contexto y transmiten su mensaje en el contexto adecuado.

Los Arquitectos Empresariales necesitan esforzarse por articular la propuesta de valor de negocio con los grupos de interés del negocio en lugar de mostrar su eminencia técnica detallando detalles enrevesados.

La Simplicidad de la Gobernanza para la Modernización

Los procesos y procedimientos de gobernanza complejos y complicados pueden ser un obstáculo para las iniciativas de modernización de las empresas. Pueden causar retrasos, confusiones, reprocesos y un bajo rendimiento para los objetivos de modernización. Por lo tanto, es fundamental simplificar el marco, el proceso y los procedimientos de gobernanza de estas iniciativas.

Los Arquitectos Empresariales deben ser conscientes de la importancia de la gobernanza y prestar especial atención al rigor necesario. No pueden comprometer los requisitos de calidad de las soluciones tecnológicas. Sin embargo, al mismo tiempo que tienen este rigor, también necesitan tener un equilibrio para transmitir el mensaje en los términos más sencillos posibles y hacer que los procesos de gobernanza sean lo más eficaces posible.

Estos arquitectos deben estar al tanto de las tendencias tecnológicas y de los desarrollos que las gobiernan para la modernización. Como parte de su función de gobernanza, deben asegurarse de que todas las prácticas tecnológicas se ajusten a las normas reglamentarias de sus sectores.

Más Datos para la Simplicidad

La simplificación de datos es un tema ampliamente discutido en todos los entornos de modernización de TI. Una forma de simplificar los datos es limpiarlos, eliminar duplicaciones y errores. La reducción de las fuentes y volúmenes de datos cuando sea necesario también se utiliza para simplificar los procesos de gestión de datos.

Sin embargo, existe una situación paradójica que hay que señalar para los volúmenes de datos en lo que se refiere a la simplicidad de la modernización. Por ejemplo, se cree que más datos crean complejidad; sin embargo, esto no es cierto. Es justo lo contrario. Dado que tenemos más datos para alimentar los sistemas, los sistemas pueden producir una mejor salida con datos ricos.

La simplicidad puede lograrse a través del análisis de datos correcto, inteligencia, herramientas poderosas y estrategias de gestión eficaces. En otras palabras, si se analizan correcta y deliberadamente, más datos pueden aportar una mejor inteligencia para modernizar las plataformas de datos.

Los Arquitectos Empresariales necesitan entender la importancia de los datos para modernizar las iniciativas y utilizar las técnicas establecidas y los métodos en evolución en la ciencia de los datos. Pueden aprovechar el conocimiento de la industria y centrarse en simplificar la recopilación de datos, los procesos, la gestión, el almacenamiento y los análisis.

Además, para la modernización de las empresas, los métodos tradicionales de gestión de datos no pueden ser suficientes; por lo tanto, deben considerar las tecnologías, procesos y herramientas de gestión de los Grandes Datos para este proceso de simplificación.

Una de las tendencias simplificadas de los grandes datos en las iniciativas de modernización y transformación digital masiva es el uso de servicios en la nube para las soluciones de los grandes datos. Incluso existe un modelo específico de grandes datos como servicio. Para más información sobre este tema, pueden consultar mi libro Arquitectura de grandes datos integradas con IO y nube, disponible en formato digital y en papel.

Presentaciones Simplificadas para la Eficacia

Puede haber muchas presentaciones de iniciativas de modernización de empresas. Arquitectos Empresariales presenta a múltiples grupos utilizando imágenes PowerPoint y Visio. Estos arquitectos necesitan usar estas herramientas con mucho cuidado para mantener el enfoque de la audiencia y transmitir eficazmente sus mensajes críticos.

Muerto desde PowerPoint es una famosa declaración hecha en todos los foros en línea que describe las ineficiencias de las presentaciones usando herramientas como PowerPoint. Ser breve y conciso en las presentaciones es también un método de simplificación esencial para una comunicación eficaz. Por ejemplo, podemos simplificar las presentaciones de equipo cortando detalles innecesarios e irrelevantes y usando un número conciso de diapositivas que se centran en los puntos necesarios cuando usamos una PowerPoint como herramienta.

Otra consideración crucial es centrarse en transmitir el mensaje central deseado en lugar de tratar de impresionar a la audiencia con técnicas de comunicación sofisticadas. Las discusiones interminables pueden nublar el mensaje esencial; por lo tanto, es fundamental controlar el proceso de presentación y centrarse claramente en los puntos esenciales de nuestras presentaciones.

Los Arquitectos Empresariales También necesitan animar a los miembros del equipo a seguir los principios de simplicidad en sus presentaciones y proporcionar una retroalimentación constructiva constante para mantener esta cultura de simplicidad.

Resumen del Capítulo y Puntos Clave

La sencillez es un pilar crucial en nuestro marco. La simplicidad puede potenciar la modernización de las empresas. La simplicidad es un factor sustancial que afecta a las transformaciones digitales y a los programas de modernización.

Los Arquitectos Empresariales necesitan articular los asuntos más complicados y complejos en un formato simple que sea comprensible para los demás. Sin embargo, la simplicidad requiere un conocimiento profundo y un pensamiento flexible.

La mejor manera de proporcionar simplicidad al consumidor es pensar como los consumidores. Los Arquitectos Empresariales deben seguir centrándose en los principios básicos de la simplificación de productos y servicios para obtener la mejor experiencia posible para el usuario y unos méritos de consumo satisfactorios.

La simplicidad del diseño tiene un enorme impacto en las fases posteriores del ciclo de vida de la modernización, como la prestación de servicios y el soporte. Cuanto más simple sea el diseño, más eficaz será la entrega y mejor será el soporte del servicio.

El diseño de sistemas complejos también requiere simplificaciones a través de diseños modulares y orientados al servicio. La modularidad y los enfoques modulares de las soluciones complejas son esenciales para la simplificación, la modernización y la transformación digital.

Las historias de usuarios son plantillas simples, incluyendo las funcionalidades, capacidades y especificaciones desde el punto de vista de los usuarios o consumidores.

Abstenerse de las frases enrevesadas y, en cambio, utilizar un lenguaje preciso y declaraciones explícitas son factores esenciales para simplificar la comunicación. Mientras que los Arquitectos Empresariales pueden usar términos de negocio avanzados para que los altos ejecutivos articulen un punto, necesitan usar términos técnicos profundos para hablar con ingenieros o especialistas técnicos.

La gente no tiene mucho tiempo y cerebro para entender los detalles intrincados de un documento técnico. Los autores deben ser agudos y directos, con declaraciones claras. Las frases cortas son siempre preferibles para mejorar la legibilidad.

La sencillez en la comunicación escrita también es esencial. La gente no tiene mucho tiempo y cerebro para entender los detalles intrincados de un documento técnico. Los autores de las iniciativas de modernización de las empresas deben ser agudos y directos, con declaraciones claras. Las frases cortas son siempre preferibles para mejorar la legibilidad.

Los procesos y procedimientos de gobernanza complejos y complicados pueden ser un obstáculo para las iniciativas de modernización de las empresas.

La simplicidad puede lograrse a través del análisis de datos correcto, inteligencia, herramientas poderosas y estrategias de gestión eficaces. En otras palabras, si se analizan correcta y deliberadamente, más datos pueden aportar una mejor inteligencia para modernizar las plataformas de datos.

Ser breve y conciso en las presentaciones es también un método de simplificación esencial para una comunicación eficaz. Por ejemplo, podemos simplificar las presentaciones de equipo cortando detalles innecesarios e irrelevantes y usando un número conciso de diapositivas que se centran en los puntos necesarios cuando usamos una PowerPoint como herramienta.

Capítulo 7: Agilidad para la Empresa Moderna

Propósito

La agilidad es nuestro siguiente pilar en este marco de modernización empresarial. Los arquitectos empresariales, en esta época, deben ser ágiles. Esta agilidad puede ayudarles a ser influyentes, competitivos y productivos en sus compromisos de modernización. Los arquitectos empresariales deben seguir preguntándose cómo pueden hacer que su huella de TI sea más intuitiva, receptiva y ágil hoy en día. Este enfoque es un requisito fundamental de las iniciativas de modernización. Al tratar con la huella de TI heredada para entenderla de una manera ágil, los arquitectos empresariales también necesitan tener la visión de una modernización que funcione bien y poner sus energías en iniciativas de modernización iterativas de ritmo rápido.

Es imposible emprender con éxito iniciativas de modernización con métodos antiguos. A medida que esto se hizo realidad, muchas organizaciones adoptaron la agilidad y maduraron en la entrega rápida. La agilidad es una preocupación particular para la modernización y las transformaciones digitales, ya que las demandas de los consumidores están aumentando en función de los requisitos de entrega a un ritmo acelerado.

La rapidez de comercialización es uno de los requisitos fundamentales de las empresas de hoy en día. Agile se convirtió en la nueva norma en la modernización de las empresas. Se espera que los productos sean lanzados más rápido de lo que lo fueron en el pasado. Las actualizaciones de seguridad y las correcciones de errores son más frecuentes.

La agilidad afecta a todos los aspectos de la modernización empresarial. Además, los Arquitectos Empresariales necesitan actuar, comportarse y acercarse con agilidad a todos los aspectos de las soluciones de modernización. Cubrimos varios aspectos de la agilidad en las secciones siguientes. Comencemos con la comunicación de la agilidad.

Cómo Comunicar Agilidad

Vender ágil hoy en día es razonablemente fácil debido a su naturaleza y a razones convincentes. Lo ágil es un interés particular para las nuevas generaciones, ya que crecen con agilidad en todos los ámbitos de la vida. Sin embargo, la generación más antigua todavía tiene un apego sentimental a los métodos de cascada. Parece que se ha creado una zona de confort para el uso de los métodos de cascada.

Hay una percepción común de que los métodos ágiles acortan las cosas y por lo tanto reducen la calidad; sin embargo, esto no es cierto. Algunos proyectos ágiles aumentan la calidad debido a los enfoques iterativos y al control de calidad más frecuente en cada hito iterativo.

Los Arquitectos Empresariales deben articular los beneficios y las razones de peso para utilizar el enfoque Ágil, especialmente para las modernizaciones que conducen a transformaciones digitales. No es factible esperar a ver el final de un gigantesco proyecto de transformación digital. Hay muchas incógnitas; por lo tanto, no es posible ver el producto final sin un constante ensayo y error en escalas más pequeñas para la modernización.

Un enfoque ágil permite a los miembros del equipo

probar sus ideas de forma iterativa. Si fracasan, fracasan de forma rápida y barata sin que las iniciativas cuesten mucho dinero. Este valor empresarial debe entenderse bien y debe integrarse en la cultura de las organizaciones que se esfuerzan por alcanzar los objetivos de modernización. Los Arquitectos Empresarios deben ser el catalizador para transmitir el mensaje y hacer los ajustes culturales necesarios de manera efectiva.

Cómo Encender y Mantener la Agilidad

Los Arquitectos Empresariales deben ser motivadores e impulsar la agilidad en las iniciativas de modernización de las empresas. Como son técnicamente capaces y enfocados en el negocio, necesitan mostrar el valor y compartir sus conocimientos y puntos de vista con los miembros del equipo y otras partes interesadas.

Los Arquitectos Empresariales necesitan participar activamente en scrums ágiles y proporcionar retroalimentación y apoyo continuo a los equipos de scrum. Estos líderes también pueden desempeñar el papel del propietario del producto en los scrums ágiles. Como propietarios del producto, pueden establecer los criterios de aceptación del producto en el sprint de modernización asignado.

Los Arquitectos Empresariales deben desarrollar modelos mentales sobre cómo interactúan los usuarios de la tecnología con su solución en cada iteración. Con su enfoque orientado a la acción, deben utilizar los atrasos rápidamente y en orden de prioridad. Además, estos arquitectos necesitan utilizar recompensas y reconocer el esfuerzo y las contribuciones de los mejores para eliminar los atrasos de la manera más eficaz e innovadora.

Arquitectura Pragmática

En muchas organizaciones, debido a razones válidas, observé que la arquitectura crea miedo en las organizaciones. En los términos más simples, la arquitectura implica cosas que son difíciles de cambiar más tarde. Sin embargo, esto no significa que no podamos aplicar la agilidad a la arquitectura. Existe una tendencia masiva a utilizar métodos ágiles para desarrollar soluciones arquitectónicas. Para abordar el miedo a la arquitectura, introduzco el término arquitectura pragmática en las iniciativas de modernización de ritmo acelerado.

Los Arquitectos Empresariales deben adoptar un enfoque pragmático en el desarrollo de la arquitectura cuando participan en programas de modernización. Sabemos que predecir el futuro es muy difícil; por lo tanto, crear un parangón inicial de la arquitectura no es práctico. La noción de perfección equivale al fracaso en los programas de modernización acelerados. No podemos permitirnos el uso de métodos de cascadas monolíticas para desarrollar arquitecturas durante muchos meses e incluso años. Tomarse este tiempo prolongado no es factible en esta era digital. Los consumidores esperan productos y servicios mucho más rápido que en los viejos tiempos.

Un enfoque iterativo de la arquitectura puede ser la inversión más efectiva en las primeras etapas de la transformación digital. Podemos ver el desarrollo de la arquitectura como el desarrollo del producto. El método iterativo puede acelerar el proceso arquitectónico y mejorar la calidad basándose en el enfoque de desarrollo de productos mínimamente viable. Una forma del enfoque pragmático es utilizar un solo dominio y aplicar los aprendizajes a los siguientes dominios. Este enfoque iterativo puede ayudarnos a progresar con confianza y un perfil de riesgo bien gestionado.

Desarrollo Rápido

Después de la arquitectura y el diseño, otro gran tema y preocupación en las iniciativas de modernización es el desarrollo. Al utilizar métodos de cascada, el desarrollo de un producto de software utilizado lleva meses y años en el pasado. Una vez más, los consumidores ya no pueden esperar tanto tiempo. La solución es aplicar un enfoque ágil al desarrollo. Afortunadamente, los métodos ágiles son más adecuados para las áreas de desarrollo en las iniciativas de modernización.

Hay muchos métodos ágiles en evolución para apoyar diferentes tipos de procesos de desarrollo. Los desarrolladores adoptan métodos ágiles. Pueden ver los resultados mucho más rápido. El uso de métodos en evolución como DevOps es también una consideración primordial para permitir una modernización que conduzca a transformaciones digitales sustanciales.

Los arquitectos empresariales deben centrarse en el rápido desarrollo y despliegue de soluciones flexibles utilizando métodos ágiles. Son conscientes de que el rápido lanzamiento al mercado de los productos digitales es un diferenciador competitivo en estos tiempos.

Importancia de la Automatización

Los objetivos de modernización que conducen a la transformación a servicios digitales y a la entrega rápida de productos al mercado requieren actividades de automatización sustanciales. Los métodos ágiles tienen un enfoque particular en la automatización. La automatización permite simplificar y acelerar los procesos.

Los arquitectos empresariales necesitan entender el valor de la automatización. Aplicando la automatización a los objetivos de modernización, podemos reducir el número de recursos necesarios para mantener los sistemas manuales y tediosos. La automatización puede abordar los errores humanos y resolver rápidamente los posibles errores. Las empresas que adoptan culturas ágiles no se resisten a la automatización, de hecho, aprovechan las capacidades para alcanzar los objetivos de modernización.

Los Arquitectos Empresariales deben centrarse en la automatización y animar a otros arquitectos y especialistas de sus equipos a participar en funciones de mayor valor añadido en lugar de realizar tareas repetitivas y aburridas que los ordenadores pueden realizar. Los miembros del equipo que se centran en artículos estimulantes y de alto valor también tienden a crear soluciones más innovadoras para potenciar el progreso de la modernización de las empresas.

Remover Silos

Se ha demostrado que los silos ralentizan todo el ciclo de vida de la modernización empresarial, desde la arquitectura, el diseño, el desarrollo, la comercialización y la venta de productos y servicios. Una cultura de silos también puede afectar la calidad de los productos debido a la falta de vistas integradas. Es posible que los departamentos empresariales de los silos no sepan el progreso de los demás y causen algún tipo de duplicación o reprocesamiento de los trabajos. No pueden producir un solo producto o servicio integrado para los consumidores. Algunos departamentos de estos entornos tradicionales de las mismas organizaciones incluso compiten entre sí. La competencia interna es una situación indeseable.

El enfoque de agilidad requiere pasar de los silos a una estructura más plana para resolver los problemas de estructuras aisladas y jerárquicas en grandes organizaciones. Los Arquitectos Empresariales, siguiendo el método ágil, deben prestar especial atención a la colaboración, co-localización y trabajo en equipo cara a cara en lugar de tener silos y jerarquías.

Los arquitectos empresariales necesitan continuamente ocuparse de la cultura y de la modernización de las implicaciones ecosistémicas. Deben esforzarse por romper los silos, en lugar de venir arriba, crean estructuras planas, lo que resulta en equipos de autogestión colaborativa con muchos expertos en el dominio como pares.

Gestione su Cartera de Pedidos Efectivamente

Es fundamental mantener los atrasos en los métodos ágiles. Los Arquitectos Empresariales convierten en un hábito la gestión diaria de los atrasos en un orden de prioridad. Gestionan eficazmente la cartera de pedidos de soluciones de modernización de su equipo. Incluso si ellos realizan el papel de un maestro scrum o de un propietario de producto, estos arquitectos necesitan mantener a los miembros del equipo responsables de sus artículos atrasados.

Dado que los Arquitectos Empresariales son conscientes de la importancia de la priorización, deben centrarse continuamente en los puntos prioritarios y tratar los puntos pendientes en función de su orden de prioridad. Sus retrasos deben ser muy eficientes y productivos. La gestión de los atrasos es un factor crítico de las carreras de modernización.

Tenemos que establecer las prioridades utilizando varias consideraciones. Uno de los aspectos críticos es la creación de un producto mínimo viable utilizando el método Ágil. Un Sprint es el tiempo de bombardeo más corto para crear el producto mínimo viable. Las expectativas de los consumidores, las limitaciones financieras, los problemas de recursos y los profesionales de las empresas tienen un impacto en el establecimiento de prioridades para la compensación de los atrasos.

Acepte el Constante Cambio

Cambio de mandato de métodos ágiles. La gestión del cambio es un aspecto vital de las iniciativas de modernización de las empresas. Aceptar el cambio es fundamental para tener éxito en la entrega ágil. La adaptación al cambio constante es muy importante para la agilidad.

La gestión de cada historia de usuario, la eliminación de un ítem atrasado y la ejecución de un Sprint se trata de un cambio constante. Para hacer frente a este cambio constante se requiere flexibilidad y agilidad en el diseño, desarrollo e implementación de soluciones ágiles.

Los arquitectos empresariales y los miembros de su equipo comprometidos en procesos y soluciones ágiles abrazan el cambio constante. Se convierten en los agentes de cambio. Las iniciativas de modernización de las empresas que conducen a las transformaciones digitales necesitan sin duda un enfoque ágil y orientado al cambio.

Fallo Rápido

Como seguimos destacando, uno de los beneficios de usar métodos ágiles proviene del enfoque iterativo. En otras palabras, abordamos las soluciones en trozos más pequeños con agilidad. Los métodos ágiles permiten los principios del fallo rápido, fallo temprano, fallo barato. Estas nociones son fundamentales para el éxito de los objetivos de modernización.

Por supuesto, no fallamos por el bien del fracaso. A nadie le gusta fracasar, pero es beneficioso fracasar antes que después para mantener el coste del fracaso bajo y tener éxito a largo plazo utilizando las lecciones aprendidas de los fracasos más pequeños.

A pesar de que se le llama "falla rápido", se refiere al ensayo y error constante que lleva a una mayor inteligencia y aprendizaje para tratar con las incógnitas de una manera rápida y efectiva. Las enseñanzas de estas pruebas y errores constituyen el progreso en el diseño, desarrollo e implementación de soluciones complejas para los objetivos de modernización de las empresas.

Relación de Costos e Ingresos con Agilidad

En los negocios, podemos considerar cada recurso y esfuerzo como un costo. Aunque los Arquitectos Empresariales y otros arquitectos competentes están bien remunerados y tienen un negocio de costes para sus salarios, ya que son conscientes de los costes y saben cómo reducir los costes con sus capacidades, hacen que sus proyectos sean rentables, generan más ingresos, especialmente entregando con agilidad para la modernización. Se centran en aumentar la eficiencia y reducir los costes como parte de su estrategia de modernización.

Agile es un enfoque centrado en los costos y en la generación de ingresos. Los Arquitectos Empresariales pueden gestionar mejor los costes y generar más ingresos adoptando enfoques ágiles en tareas de alto impacto y actividades de desarrollo de soluciones en soluciones de modernización. A través del progreso gradual, la gestión prioritaria de los atrasos, la entrega rápida e iterativa a través de Sprints, los Arquitectos Empresariales Ágiles pueden evitar el costo de fallas en grandes cantidades de elementos de trabajo y, lo que es más importante, pueden convertir los costos en ingresos.

Los Arquitectos Empresariales Ágiles responsables de las iniciativas de modernización empresarial son capaces de convertir los costes en inversión. Con una visión fuerte, enfoques innovadores y capacidades de entrega ágiles, los costos incurridos por las iniciativas de estos arquitectos pueden ser vistos como una inversión. La inversión en arquitectos empresariales visionarios y con buen desempeño puede generar nuevos negocios y generar ingresos sustanciales en iniciativas de modernización con sus contribuciones tanto a nivel táctico como estratégico.

Resumen del Capítulo y Puntos Clave

La rapidez de comercialización es uno de los requisitos fundamentales de las empresas de hoy en día. Agile se convirtió en la nueva norma en la modernización de las empresas. Se espera que los productos sean lanzados más rápido de lo que lo fueron en el pasado. Las actualizaciones de seguridad y las correcciones de errores son más frecuentes.

Hay muchas incógnitas en la empresa; por lo tanto, no es posible ver el producto final sin un constante ensayo y error en escalas más pequeñas para la modernización.

Un enfoque ágil permite a los miembros del equipo probar sus ideas de forma iterativa. Si fracasan, fracasan de forma rápida y barata sin que las iniciativas cuesten mucho dinero.

Los Arquitectos Empresariales deben desarrollar modelos mentales sobre cómo interactúan los usuarios de la tecnología con su solución en cada iteración. Con su enfoque orientado a la acción, deben utilizar los atrasos rápidamente y en orden de prioridad.

Los Arquitectos Empresariales deben adoptar un enfoque pragmático en el desarrollo de la arquitectura cuando participan en programas de modernización. Sabemos que predecir el futuro es muy difícil; por lo tanto, crear un parangón inicial de la arquitectura no es práctico.

Los arquitectos empresariales necesitan entender el valor de la automatización. Aplicando la automatización a los objetivos de modernización, podemos reducir el número de recursos necesarios para mantener los sistemas manuales y tediosos. La automatización puede abordar los errores humanos y resolver rápidamente los posibles errores.

Los arquitectos empresariales necesitan continuamente ocuparse de la cultura y de la modernización de las implicaciones ecosistémicas. Deben esforzarse por romper los silos, en lugar de venir arriba, crean estructuras planas, lo que resulta en equipos de autogestión colaborativa con muchos expertos en el dominio como pares.

A pesar de que se le llama "falla rápido", se refiere al ensayo y error constante que lleva a una mayor inteligencia y aprendizaje para tratar con las incógnitas de una manera rápida y efectiva. Las enseñanzas de estas pruebas y errores constituyen el progreso en el diseño, desarrollo e implementación de soluciones complejas para los objetivos de modernización de las empresas.

Los Agiles Arquitectos Empresariales con una visión fuerte, enfoques innovadores y capacidades de entrega ágiles, los costos incurridos por las iniciativas de estos arquitectos pueden ser vistos como una inversión.

Capítulo 8: Colaboración y Fusión para la Empresa Moderna

Propósito

En esta sección tenemos una visión general de la fusión y la colaboración desde el punto de vista de la productividad en la empresa modernizadora. La colaboración es esencial para extenderse a los principios de la fusión. Vamos a definir estos términos significativos para llegar a un entendimiento común.

Una vez que establezcamos un entendimiento común de la colaboración productiva y los principios de la fusión consecutivamente, entonces podremos explorar cómo estas características ayudan a los Arquitectos Empresariales a sobresalir en sus objetivos de modernización, a mejorar sus tareas cotidianas y a convertirlos en líderes que contribuyen. Ahora, comencemos con la definición de colaboración.

Definición de la Colaboración

La colaboración puede significar cosas diferentes para personas diferentes. Es un término demasiado utilizado y pierde su significado, especialmente con la aparición de las tecnologías de Internet llamadas herramientas de colaboración, especialmente en el contexto de los medios de comunicación social.

En términos sencillos, podemos definir la colaboración como un equipo de personas que trabajan juntas por objetivos comunes. El equipo y los objetivos mutuos son entidades esenciales de este sencillo marco. Por supuesto, nuestro enfoque se centra en el aspecto laboral de la colaboración más que en el entretenimiento o los pasatiempos.

La colaboración puede tener lugar en diferentes modos y formatos. Un ejemplo son dos o más personas que comparten ideas para un plan de proyecto. En un nivel básico, la gente también puede colaborar escribiendo usando varias herramientas de documentación como Box, Google Docs o la versión de red de los productos de Microsoft Office. También hay herramientas emergentes que se utilizan principalmente en entornos móviles. Estas herramientas de movilidad están muy extendidas en los métodos ágiles. Para dar una idea, algunas de estas herramientas son Slack, Trello, Twitter, Facebook Messenger, y muchas más.

Las herramientas de los medios sociales se promocionan como prácticas, útiles y muy valiosas para fines de colaboración. Sin embargo, cuando examinamos cuidadosamente estas herramientas, podemos ver que son más herramientas de intercambio de información que herramientas de colaboración reales. Desde mi experiencia, las herramientas de colaboración más productivas e impactantes son las reuniones cara a cara, el teléfono y las videoconferencias.

La colaboración es un factor esencial para que los Arquitectos Empresariales puedan crear resultados sobresalientes. Estos arquitectos colaboran amplia y productivamente. También motivan a los miembros de su equipo para que colaboren de manera efectiva y eficiente, señalando los objetivos comunes y haciéndolos convincentes para la colaboración.

Fusión para la Modernización de Empresas

La fusión es esencial para la modernización de las empresas. El término fusión se refiere a unir cosas diferentes con atributos o funciones diferentes para crear una sola entidad o forma nueva. La noción de fusión se relaciona con conceptos como integración, mezcla, fusión, amalgamación y vinculación. La fusión está estrechamente relacionada con la colaboración desde varios ángulos. Es un tipo de colaboración diseñado para misiones específicas y avanzadas. Los principios de fusión se adaptan a los objetivos de la modernización de las empresas.

Los principios de la fusión tienen por objeto reunir a personas de diversos orígenes, pequeños grupos con diferentes propósitos, diversos equipos con diferentes capacidades, comunidades de prácticas con diferentes misiones bajo un mismo paraguas para servir a una misión conjunta. La fusión es el tipo de colaboración más avanzado y eficaz que se requiere especialmente para iniciativas de modernización complejas y complicadas con objetivos y enfoque de mercado únicos. Crear una colaboración basada en la fusión puede ser un gran desafío. Los arquitectos empresariales con amplios conocimientos técnicos y de personal pueden crear una colaboración basada en la fusión.

La fusión también puede referirse a la integración de sistemas, herramientas y procesos antiguos y a la creación de nuevos sistemas. Este enfoque transformador es un factor crítico para los objetivos de modernización de las empresas. Desde el punto de vista de la concientización, los arquitectos necesitan entender la importancia de los principios de la fusión y aplicarlos para ayudar a sus organizaciones a modernizar la empresa de forma eficaz.

Cómo Encender y Permitir la Colaboración

Hay diferentes maneras de permitir la colaboración. Los arquitectos empresariales suelen asumir la responsabilidad de iniciar la colaboración. Estos arquitectos deben ser apasionados por sus objetivos. Ellos no esperan que la colaboración ocurra por sí sola. Saben que nada puede suceder por sí solo. Naturalmente, alguien con liderazgo y habilidades arquitectónicas debe iniciarlo. Este enfoque orientado a la acción en la colaboración es una de las características sobresalientes de las estratégias de los Arquitectos Empresariales, que suelen ser personas extrovertidas.

Una vez que los Arquitectos Empresariales inician actividades de colaboración e invitan a sus colaboradores, entonces el proceso se mantiene con las reglas necesarias de comunicación y compromiso. La comunicación efectiva es un factor crítico de la colaboración. Dependiendo del medio, tanto la comunicación verbal como la escrita son esenciales para que se produzca la colaboración.

La colaboración para los equipos ubicados en el mismo lugar se lleva a cabo normalmente cara a cara y puede ser principalmente dinámica en la entrega. Sin embargo, los equipos geográficamente distantes suelen utilizar videoconferencia, teléfono, programas de chat, correo electrónico o algunas herramientas de colaboración ágiles. En los equipos remotos, la comunicación escrita es fundamental. Las comunicaciones escritas pueden crear algunos desafíos, como por ejemplo, un escrito descuidado puede causar alguna ofensa y matar el espíritu de colaboración. Por ello, los Arquitectos Empresarios juegan un papel esencial en la facilitar este tipo de comunicación, moderando delicadamente los canales de comunicación.

Cómo Mantener la Colaboración

Después de que los arquitectos empresariales inician y permiten la colaboración, necesitan mantener los resultados deseados. Los Arquitectos Empresariales necesitan crear los procesos y procedimientos necesarios para mantener la colaboración. Sus habilidades de liderazgo son necesarias para lograr este objetivo en las iniciativas de modernización.

Aunque ellos establecen el equipo inicial y los procesos para apoyar las actividades del equipo, también es responsabilidad de los otros miembros del equipo contribuir a las metas establecidas por estos planes de colaboración. Con este fin, los líderes excelentes también toman el papel de motivadores para mantener al equipo inspirado al mostrar su visión impactante y sus metas estratégicas.

Al centrarse en la colaboración productiva a varios niveles, los Arquitectos Empresariales aprovechan los conocimientos de equipos multifuncionales y de la comunidad de prácticas para crear propuestas de valor diferenciadas para los objetivos de modernización.

Cree una Magia de Colaboración

Al realizar muchas tareas para iniciar y mantener la colaboración, las estrategias de los Arquitectos Empresariales siguen repitiendo estas actividades múltiples veces con múltiples equipos e integran estos equipos para agregar la colaboración. La magia de la colaboración comienza con estas repeticiones. Las repeticiones exitosas producen efectos de onda para un mayor éxito. En un plazo relativamente corto, estos equipos pueden crear una cultura de colaboración alineada con el ecosistema y los objetivos estratégicos de la organización.

Esta cultura de colaboración en el trabajo puede ser invaluable. Cuando la cultura de la colaboración comienza a florecer utilizando la colaboración basada en la fusión, un fenómeno deseable llamado innovación ocurre naturalmente. La colaboración y la innovación son procesos estrechamente vinculados.

La innovación es uno de los resultados emocionantes de una cultura de colaboración con diversidad, inclusión e implementación del enfoque de fusión. El poder de personas conectadas de diversos orígenes para el mismo objetivo genera nuevas ideas y percepciones. Algunas de estas ideas y percepciones pueden tocar a las personas desde diferentes ángulos y motivarlas aún más para que asuman más responsabilidades en este ecosistema. Con la puesta en marcha del liderazgo técnico estratégico inicial, este cambio provoca la aparición de nuevos líderes técnicos en la modernización de las empresas. La innovación genera una cultura de colaboración y puede ser muy deseable para la creación de nuevos negocios y el crecimiento de empresas ya establecidas mediante la modernización de la empresa que conduzca a los objetivos de transformación digital deseados.

Este aspecto mágico de la colaboración que conduce a la innovación es una situación ideal para los objetivos de modernización. Los Arquitectos Empresariales deben aprovechar esta situación deseable creando, manteniendo, facilitando y mejorando las situaciones.

Importancia de la Influencia para la Colaboración

La influencia es un atributo esencial del liderazgo estratégico. Es particularmente esencial para la colaboración. Los Arquitectos Empresariales influyen en sus colaboradores con su responsabilidad, responsabilidad y credibilidad demostrada.

La credibilidad en entornos técnicos es crítica. Los Arquitectos Empresariales deben ser creíbles. Estos arquitectos pueden ganarse la confianza de sus colaboradores con credibilidad e integridad. Las estrategias de los Arquitectos Empresariales deben prestar especial atención a mantener la credibilidad en sus campos.

Cuando establecemos la confianza, ocurre otra magia. La gente empieza a compartir su verdadero yo. Se vuelven más productivos y más creativos. Una cultura de colaboración es un factor de empoderamiento y de modernización de las empresas.

Importancia de la Diversidad para la Colaboración

La diversidad es un factor crítico en la creación de equipos de colaboración y culturas inclusivas. La diversidad es un factor crítico para la modernización debido a la creatividad y la innovación que requieren las personas de diferentes orígenes, competencias y experiencias.

La confianza es un requisito para la diversidad. Sólo con confianza y entornos de confianza, las personas pueden mostrar su verdadera identidad. Cuando la gente comienza a mostrar su verdadero yo, una cultura diversa comienza a florecer. La diversidad es un factor que refuerza la colaboración.

Y lo que es más importante, con la diversidad, también se produce la innovación. Podemos notarlo más fuerte y más rápido. Diversas ideas encienden y aceleran la innovación. Con este enfoque, podemos crear nuevas opciones y opciones. Conectar esas elecciones y opciones también tiene un efecto dominó en la cultura. Con este entendimiento, podemos concluir que la diversidad puede ser un valioso contribuyente a los programas de modernización.

Resumen del Capítulo y Puntos Clave

La colaboración es un factor esencial para que los Arquitectos Empresariales puedan crear resultados sobresalientes. Estos arquitectos colaboran amplia y productivamente. También motivan a los miembros de su equipo para que colaboren de manera efectiva y eficiente, señalando los objetivos comunes y haciéndolos convincentes para la colaboración.

La noción de fusión se relaciona con conceptos como integración, mezcla, fusión, amalgamación y vinculación. La fusión está estrechamente relacionada con la colaboración desde varios ángulos. Es un tipo de colaboración diseñado para misiones específicas y avanzadas. Los principios de fusión se adaptan a los objetivos de la modernización de las empresas.

La comunicación efectiva es un factor crítico de la colaboración. Dependiendo del medio, tanto la comunicación verbal como la escrita son esenciales para que se produzca la colaboración.

Al centrarse en la colaboración productiva a varios niveles, los Arquitectos Empresariales aprovechan los conocimientos de equipos multifuncionales y de la comunidad de prácticas para crear propuestas de valor diferenciadas para los objetivos de modernización.

Este aspecto mágico de la colaboración que conduce a la innovación es una situación ideal para los objetivos de modernización. Los Arquitectos Empresariales deben aprovechar esta situación deseable creando, manteniendo, facilitando y mejorando las situaciones.

La credibilidad en entornos técnicos es crítica. Los Arquitectos Empresariales deben ser creíbles. Estos arquitectos pueden ganarse la confianza de sus colaboradores con credibilidad e integridad. Los Arquitectos Empresariales estratégicos deben prestar especial atención para seguir siendo creíbles en sus campos.

La confianza es un requisito para la diversidad. Sólo con confianza y entornos de confianza, las personas pueden mostrar su verdadera identidad. Cuando la gente comienza a mostrar su verdadero yo, una cultura diversa comienza a florecer. La diversidad es un factor que refuerza la colaboración.

Capítulo 9: Otros Facilitadores de Tecnología Vital para la Empresa Moderna

Propósito

Los arquitectos empresariales deben poseer una amplia gama de habilidades técnicas vitales. Hay muchas tecnologías emergentes y en crecimiento que estos líderes técnicos necesitan conocer. Estos arquitectos deben centrarse en el uso de las tecnologías emergentes como facilitadores de los objetivos de modernización.

Los elementos clave de la modernización de las empresas son el Computación en la Nube, las Tecnologías Móviles, la IO, los Grandes Datos y el Análisis. Una visión integrada de estas tecnologías, de los procesos y de las herramientas asociadas es fundamental. Además, la evaluación comparativa de productos y servicios es esencial para facilitar las transformaciones digitales.

En esta sección, cubrimos las tecnologías más destacadas y las presentamos brevemente, destacando su importancia para los objetivos de modernización. Esta lista no es exhaustiva. La atención se centra únicamente en las tecnologías fundamentales.

Hablemos de las habilidades técnicas críticas que deben poseer los arquitectos empresariales para liderar iniciativas de modernización exitosas.

Computación en la Nube

La computación en nube se ha convertido en una

práctica habitual en las organizaciones. La adaptación de la computación en la nube se hizo muy rápida. Podemos utilizar la nube como una herramienta fundamental para la modernización de las empresas. El modelo de servicios en la nube puede ampliar o reducir los recursos informáticos en función de los requisitos del servicio. Por ejemplo, la nube puede proporcionar los máximos recursos cuando necesitamos una gran cantidad de potencia de computación o capacidad de almacenamiento para una tarea específica en un periodo de tiempo determinado. Entonces podemos liberar estos recursos después de completar nuestra misión específica. Esta elasticidad y escalabilidad proporcionan una posición de valor para las transformaciones digitales.

Pagar por uso' o `pagar por uso' es otra característica esencial que el modelo de servicios en la nube proporciona. Los recursos pueden consumirse en función de la cantidad de uso. El uso puede ser a corto o largo plazo. Por ejemplo, los consumidores pueden pagar en función de la potencia de cálculo o de la cantidad de almacenamiento que hayan utilizado. Otra característica del modelo de servicios en la nube está relacionada con el "pago por uso", el uso de "bajo demanda". Los consumidores pueden utilizarlo cuando demandan los servicios requeridos sin necesidad de realizar un pago por adelantado o una inversión dedicada a los recursos de TI de su organización.

La reciente tendencia comercial a utilizar máquinas virtuales en servicios en la nube disponibles al público se basa en tres tipos de instancias, como la instancia bajo demanda, la instancia reservada y la instancia puntual. En el caso de la demanda, no existe un compromiso a largo plazo. La instancia reservada es un plazo relativamente más largo con un descuento sustancial en comparación con el uso bajo demanda. En el caso de la instancia al contado, el precio se acuerda en base a la licitación.

La nube ofrece resistencia. Esto significa que los fallos del sistema, como servidores o unidades de almacenamiento, pueden aislarse automáticamente con instrucciones predefinidas, y las cargas de trabajo se migran a unidades virtuales redundantes sin interrumpir los niveles de servicio o el uso de los consumidores. El atributo de resiliencia de la nube elimina muchas de nuestras preocupaciones de soporte en los requisitos de nuestras soluciones.

En función de las necesidades de los consumidores, los recursos de la nube pueden ser virtuales o físicos. Esta flexibilidad se debe a la característica de multiarrendamiento del modelo de servicio de la nube. Por ejemplo, un proveedor de servicios en la nube puede alojar múltiples cargas de trabajo de usuarios en la misma infraestructura sin afectar negativamente a su privacidad y seguridad. Si existen requisitos de alta seguridad, como servicios gubernamentales sensibles, el aislamiento puede ser físico. Debemos considerar las restricciones y limitaciones que pueden afectar al uso de los servicios virtuales en el modo multi-tenancy.

El movimiento flexible de las cargas de trabajo es otro atributo crucial del modelo de servicios cloud. Puede haber ocasiones en que una organización necesite ejecutar sus cargas de trabajo en una zona horaria diferente, y las cargas de trabajo pueden trasladarse fácilmente a un centro de datos de otro país. Esto puede deberse a varias razones, como la reducción de costes, la prestación de un mejor servicio para un grupo de enfoque en un lugar diferente o incluso los requisitos reglamentarios.

En el próximo capítulo trataremos los detalles sobre Computando en la Nube para la modernización de la empresa.

IO (Objetos de la Internet)

La IO (Internet de los objetos) es otra tecnología vital que los arquitectos empresariales deben comprender. Se han realizado progresos sustanciales en muchas disciplinas gracias al uso de la IO en la creación de nuevos servicios y productos. Algunas de estas disciplinas incluyen la vigilancia del medio ambiente, la fabricación, la gestión de infraestructuras, la gestión de la energía, la agricultura, la sanidad, el transporte, la informática, la electrónica, las ciencias de los materiales y la banca.

En el mercado, se observa que están surgiendo tecnologías de IO y que las soluciones de IO están creciendo exponencialmente. Algunas organizaciones estiman que en los próximos años habrá miles de millones de dispositivos para conectarse al ecosistema global de la IO. El resultado final es que la IO es valiosa tanto para las empresas como para la economía, lo que es inevitable. A partir de nuestra experiencia actual, podemos interpretar que la IO tendrá muy probablemente un impacto sustancial en nuestra economía y en la forma en que hacemos negocios y comerciamos.

Los consumidores y proveedores de servicios tienen un interés increíble y se centran en esta fantástica tecnología impulsada por Internet. La generación de nuevos negocios para las empresas y nuevos puestos de trabajo que ni siquiera podemos nombrar es inminente. Algunos creen que la IO puede ser tan importante como la aparición de la propia Internet. Algunos incluso señalan que puede ser la próxima gran cosa en nuestras vidas. Se trata, por supuesto, de especulaciones, combinadas con cierto alboroto mediático; sin embargo, el tiempo dirá si se cumplirán las grandes expectativas de la IO. Un hecho clave es que la IO es uno de los principales facilitadores de las iniciativas de modernización; por lo tanto, es una habilidad esencial que estos arquitectos empresariales deben poseer. También asignamos un capítulo específico a este tema crítico.

Grandes Datos, Análisis y Aprendizaje de Máquinas

Los grandes datos y el análisis de datos son dominios tecnológicos beneficiosos que los arquitectos empresariales necesitan comprender y utilizar para crear perspectivas y ventajas competitivas para sus organizaciones.

Aunque arquitectónicamente son similares a los datos tradicionales, los datos de gran tamaño requieren métodos y herramientas más nuevos para tratar con los datos. Los métodos y herramientas tradicionales no son adecuados para procesar grandes datos. El proceso consiste en capturar una cantidad sustancial de datos de múltiples fuentes, almacenar el análisis, la búsqueda, la transferencia, el intercambio, la actualización, la visualización y el control de grandes volúmenes de datos, como petabytes o incluso exabytes.

Irónicamente, la principal preocupación u objetivo de Big Data no es la cantidad de datos, sino las técnicas analíticas más avanzadas para producir valor a partir de estos grandes volúmenes de datos. La analítica avanzada en este contexto se refiere a enfoques tales como la analítica descriptiva, predictiva, prescriptiva y diagnóstica.

La analítica descriptiva se ocupa de situaciones como lo que está sucediendo ahora mismo en base a los datos entrantes. El análisis predictivo se refiere a lo que podría suceder en el futuro. La analítica prescriptiva trata de las acciones a tomar. La analítica diagnóstica plantea la pregunta de por qué sucedió algo. Cada tipo de análisis sirve para diferentes escenarios y casos de uso.

Big Data Analytics es una disciplina integral impulsada por la empresa. A un alto nivel, su objetivo es tomar decisiones comerciales rápidas, reducir el costo de un producto o servicio y probar nuevos mercados para crear nuevos productos y servicios. La analítica de Big Data se utiliza en todas las industrias; las industrias más utilizadas son la salud, las ciencias de la vida, la fabricación, el gobierno y la venta al por menor.

Necesitamos nuevos métodos y herramientas para realizar análisis de datos de gran tamaño. Hay métodos emergentes y muchas herramientas disponibles en el mercado. La mayoría de los métodos son patentados, pero algunos están disponibles a través de programas de código abierto. Algunas herramientas populares que se mencionan con frecuencia en las publicaciones de Análisis de grandes datos son Aqua Data Studio, Azure HDinsight, IBM SPSS Modeler, Skytree, Talend, Splice Machine, Plotly, Lumify, Elasticsearch.

Además, el software libre ha progresado bien en esta área y ha producido múltiples y potentes herramientas. Algunas de las herramientas de análisis de código abierto más utilizadas son Apache Hadoop, Apache Spark, Apache Storm, Apache Cassandra, Apache SAMOA, Neo4j, MongoDB y el entorno de programación R. En la sección de tecnología y herramientas de este capítulo se ofrece una visión general de estas herramientas.

El análisis de grandes datos es un área amplia y en crecimiento. Podemos entender mejor el análisis de grandes datos teniendo en cuenta sus características inherentes.

Estas características se pueden resumir utilizando los 'términos C' para recordarlas fácilmente. Estos términos son conexión, conversión, cognición, configuración, contenido, personalización, nube, cibernética y comunidad. Como estos términos se explican por sí mismos, no entramos en detalles para explicarlos aquí.

La analítica de Big Data utiliza varios métodos y técnicas como el procesamiento del lenguaje natural, el aprendizaje automático, la minería de datos, la minería de patrones de asociación, el análisis conductual, el análisis predictivo, el análisis descriptivo, el análisis prescriptivo y el análisis diagnóstico.

Aprendizaje Automático y Análisis de Texto

El aprendizaje automático se refiere a los sistemas informáticos para aprender y mejorar sobre la base de su aprendizaje a partir del análisis de grandes volúmenes de conjuntos de datos sin necesidad de programación. Es parte del dominio de la inteligencia artificial en la informática. Debido a su utilidad e impacto, el aprendizaje automático se convirtió en una tecnología y herramienta vital para las estrategias de modernización de las empresas que conducen a la transformación digital.

El análisis de textos incluye lingüística computacional, aprendizaje automático y análisis estadístico tradicional. El análisis de texto se centra en la conversión de volúmenes masivos de una máquina o texto generado por el hombre en estructuras significativas para crear perspectivas de negocio y apoyar la toma de decisiones.

Existen varias técnicas de análisis de texto. Por ejemplo, IE (Information extraction = extracción de información) es una de las técnicas de análisis de texto que extrae datos estructurados de textos no estructurados. La "síntesis de texto" es otra técnica que puede crear automáticamente un resumen condensado de un documento o de grupos seleccionados de documentos. Esto es especialmente útil para blogs, noticias, documentos de productos y artículos científicos. NLP (Natural Language Processing = Procesamiento de Lenguaje Natural) es otra sofisticada técnica de análisis de texto interconectada como pregunta y respuesta en lenguaje natural como Siri en productos Apple.

Ciberseguridad

La ciberseguridad es una competencia necesaria para los arquitectos empresariales que trabajan en iniciativas de modernización. El cloud computing, la IO y los grandes datos también exigen seguridad a todos los niveles. Una mayor concientización sobre la seguridad y las habilidades asociadas son esenciales para los líderes técnicos y tecnológicos que lideran las iniciativas de modernización y transformación digital.

La ciberseguridad es un vasto dominio de seguridad y afecta a todos los aspectos de la gestión de la seguridad, como la gestión de identidades, la autenticación, la autorización y muchas otras áreas. La ciberseguridad es un factor crítico para el éxito de las soluciones de modernización y transformación digital.

En relación con la seguridad avanzada, Blockchain, que es una tecnología relativamente nueva, se está convirtiendo en un elemento crítico para los nuevos requisitos de seguridad que podrían facilitar los objetivos de modernización.

Red de Trabajo (Network)

La red de trabajo o network es otra de las competencias esenciales que deben poseer los arquitectos empresariales en las iniciativas de modernización. Las soluciones de modernización empresarial afectan a todos los aspectos de las redes, como las de área extensa, área local, inalámbricas y muchos otros tipos de redes. Proliferan en lo que se refiere a la nube, la IO y los grandes datos.

Dado que la red y las tecnologías de comunicación asociadas son los facilitadores fundamentales de los objetivos de modernización de las empresas, la comprensión de las funciones de las implicaciones de la red y de la red, tales como la seguridad, la latencia y el ancho de banda, son también temas importantes que los líderes tecnológicos deben cubrir de forma amplia y en profundidad en función de su participación.

Movilidad

La movilidad es un ámbito tecnológico interrelacionado crítico en las organizaciones, por lo que los arquitectos necesitan entender y formar a sus equipos para el uso eficaz de la movilidad en las innovaciones que conducen a la comprensión del negocio y a la colaboración en toda la organización, incluidos los clientes y los socios.

El dominio de Enterprise Mobile Management (EMM = Manejo de la Movilidad Empresarial) incluye componentes esenciales como la gestión de dispositivos, la gestión de aplicaciones, la gestión de contenidos, la gestión del correo electrónico y la gestión unificada de puntos finales.

La movilidad está asociada a varias consideraciones

arquitectónicas y empresariales, como el acceso a la red, el cumplimiento, la gestión de datos, la demografía del lugar de trabajo, la responsabilidad del usuario final y los conceptos BYOD (Bring Your Own Devices = Trae Tu Propio Dispositivo).

Gestión de Servicios TI

La gestión de servicios de TI cubre una amplia gama de tecnología, procesos y herramientas. La gestión de servicios de TI incluye procesos como la gestión del cambio, la gestión de problemas, la gestión de incidentes, la gestión del nivel de servicio, la gestión de la capacidad, la gestión de la disponibilidad, la gestión de la continuidad del negocio y la gestión de la seguridad.

Además, los procesos de gestión de sistemas, como la supervisión, las alertas y la gestión de eventos, pueden cubrirse bajo el término genérico de gestión de servicios de TI. Estos procesos se gestionan utilizando muchas herramientas tecnológicas. Y lo que es más importante, estas herramientas deben ser diseñadas, integradas, diseñadas e implementadas de manera coherente.

Comprender la dinámica de estas herramientas en el contexto de las iniciativas de modernización es vital para obtener resultados satisfactorios. Una de las mejores representaciones del modelo de servicios de TI se implementa utilizando la popular ITIL (Information Technology Infrastructure Library = Librería de la Información de la Infraestructura de la Tecnología).

Resumen del Capítulo y Puntos Clave

Los elementos clave de la modernización de las empresas son el Computación en la Nube, las Tecnologías Móviles, la IO, los Grandes Datos y el Análisis. Una visión integrada de estas tecnologías, de los procesos y de las herramientas asociadas es fundamental. Además, la evaluación comparativa de productos y servicios es esencial para facilitar las transformaciones digitales.

Podemos utilizar la nube como una herramienta fundamental para la modernización de las empresas. El modelo de servicios en la nube puede ampliar o reducir los recursos informáticos en función de los requisitos del servicio.

El resultado final es que la IO es valiosa tanto para las empresas como para la economía, lo que es inevitable. A partir de nuestra experiencia actual, podemos interpretar que la IO tendrá muy probablemente un impacto sustancial en nuestra economía y en la forma en que hacemos negocios y comerciamos. La IO facilita la modernización de las empresas.

Aunque arquitectónicamente son similares a los datos tradicionales, los datos de gran tamaño requieren métodos y herramientas más nuevos para tratar con los datos. La analítica de Grandes Datos es un área amplia y en crecimiento. Podemos entender mejor la analítica de datos de los Grandes, teniendo en cuenta sus características inherentes.

El aprendizaje automático se refiere a los sistemas informáticos para aprender y mejorar sobre la base de su aprendizaje a partir del análisis de grandes volúmenes de conjuntos de datos sin necesidad de programación. Es parte del dominio de la inteligencia artificial en la informática. Debido a su utilidad e impacto, el aprendizaje automático se convirtió en una tecnología y herramienta vital para las estrategias de modernización de las empresas que conducen a la transformación digital.

El análisis de textos incluye lingüística

computacional, aprendizaje automático y análisis estadístico tradicional. El análisis de texto se centra en la conversión de volúmenes masivos de una máquina o texto generado por el hombre en estructuras significativas para crear perspectivas de negocio y apoyar la toma de decisiones.

La ciberseguridad es una competencia necesaria para los arquitectos empresariales que trabajan en iniciativas de modernización. El computación en nube, la IO y los grandes datos también exigen seguridad a todos los niveles. Una mayor concienciación sobre la seguridad y las capacidades asociadas son esenciales para los líderes técnicos y tecnológicos que lideran las iniciativas de modernización y transformación digital.

Dado que la red y las tecnologías de comunicación asociadas son los facilitadores fundamentales de los objetivos de modernización de las empresas, la comprensión de las funciones de las implicaciones de la red y de la red, tales como la seguridad, la latencia y el ancho de banda, son también temas importantes que los líderes tecnológicos deben cubrir de forma amplia y en profundidad en función de su participación.

La movilidad es un ámbito tecnológico interrelacionado crítico en las organizaciones, por lo que los arquitectos necesitan entender y formar a sus equipos para el uso eficaz de la movilidad en las innovaciones que conducen a la comprensión del negocio y a la colaboración en toda la organización, incluidos los clientes y los socios.

La gestión de servicios de TI cubre una amplia gama de tecnología, procesos y herramientas. La gestión de servicios de TI incluye procesos como la gestión del cambio, la gestión de problemas, la gestión de incidentes, la gestión del nivel de servicio, la gestión de la capacidad, la gestión de la disponibilidad, la gestión de la continuidad del negocio y la gestión de la seguridad.

Capítulo 10: Computación en la Nube para la Modernización de las Empresas

Importancia de la Nube para la Modernización de la Empresa

La nube es un modelo crítico de tecnología y servicios para las empresas y los lugares de trabajo modernos. Esta tecnología forma parte de muchos programas de modernización y transformación en todo el mundo. Casi todas las organizaciones han iniciado su andadura en la nube al menos en los últimos 5 años. Cada organización con la que trato o escucho de colegas, amigos o publicaciones tiene algunas iniciativas Cloud o nube que comienzan a nivel empresarial. La nube es uno de los principales impulsores de los objetivos de modernización y transformación de las empresas.

Modelo de Servicio en la Nube

El modelo de servicios en la nube puede ser la solución perfecta para potenciar las iniciativas de modernización y transformación de las empresas. Los atributos más deseables del Computación en la Nube son la elasticidad y la escalabilidad. El modelo de servicios en la nube puede ampliar o reducir los recursos informáticos en función de los requisitos del servicio. Por ejemplo, la nube puede proporcionar los máximos recursos cuando necesitamos una gran cantidad de potencia de computación o capacidad de almacenamiento para una tarea específica en un periodo de tiempo determinado. Entonces podemos liberar estos recursos después de completar nuestra misión específica. Esta elasticidad y escalabilidad proporcionan una posición de gran valor para la empresa en lo que respecta a las iniciativas de modernización.

Pagar por uso' o `pagar por uso' es otra característica esencial que el modelo de servicios en la nube proporciona. Los recursos pueden consumirse en función de la cantidad de uso. El uso puede ser a corto o largo plazo. Por ejemplo, los consumidores pueden pagar en función de la potencia de cálculo o de la cantidad de almacenamiento que hayan utilizado.

El pago por uso y bajo demanda son otras características del modelo de servicios en la nube. Los consumidores pueden utilizarlo cuando demandan los servicios requeridos sin necesidad de realizar un pago por adelantado o una inversión dedicada a los recursos de TI de su organización. La reciente tendencia comercial a utilizar máquinas virtuales en servicios en la nube disponibles al público se basa en tres tipos de instancias, como la instancia bajo demanda, la instancia reservada y la instancia puntual. En el caso de la demanda, no existe un compromiso a largo plazo. La instancia reservada es un plazo relativamente más largo con un descuento sustancial en comparación con el uso bajo demanda. En el caso de la instancia al contado, el precio se acuerda en base a la licitación. Por ejemplo, los AWS (Amazon Web Services) utilizan este modelo en sus ofertas de servicio de nube pública.

Otra característica que nos interesa en nuestras soluciones de modernización empresarial es la resistencia que ofrece el modelo de la nube. Las instrucciones predefinidas en la infraestructura de la nube automatizada pueden aislar los fallos del sistema y migrar las cargas de trabajo a unidades redundantes sin interrumpir el nivel de servicio y el uso de los consumidores. Esta capacidad crea resiliencia para la infraestructura. La resistencia es un requisito esencial para modernizar la infraestructura de las empresas.

En función de las necesidades de los consumidores, podemos asignar los recursos de la nube como virtuales o físicos. La característica de multiusuario del modelo de servicio de la nube crea esta útil flexibilidad. Por ejemplo, un proveedor de servicios en la nube puede alojar múltiples cargas de trabajo de usuarios en la misma infraestructura sin afectar negativamente a sus requisitos de privacidad y seguridad. Si existen requisitos de alta seguridad, como servicios gubernamentales sensibles o confidencialidad intelectual corporativa, podemos solicitar un modelo de aislamiento físico. Debemos considerar cuidadosamente las restricciones y limitaciones que pueden afectar el uso de los servicios virtuales en el modo multi-tenancy.

El movimiento flexible de las cargas de trabajo es otro atributo crucial del modelo de servicios de la nube. Puede haber ocasiones en que una organización necesite ejecutar sus cargas de trabajo en una zona horaria diferente. En este caso, podemos trasladar rápidamente las cargas de trabajo a un centro de datos de otra región o país. Podemos trasladar cargas de trabajo por varias razones, como la reducción de costes, la prestación de un mejor servicio para un grupo de enfoque en un lugar diferente o incluso los requisitos reglamentarios.

Después de revisar estos atributos útiles de los servicios en la nube para las iniciativas de modernización empresarial, ahora hablemos de los modelos de implementación que pueden añadir más valor a nuestros objetivos de modernización y transformación.

Modelos de Implantación en la Nube para la Modernización

Quiero que esta sección sea concisa, ya que todos los arquitectos de hoy en día conocen la computación en nube y los modelos de implementación genéricos. La formación en la nube se convirtió en un requisito básico para los requisitos de habilidades de todo tipo de arquitectos. Los Arquitectos Empresariales prestan especial atención a los modelos de implementación de computación en nube en sus organizaciones.

Nuestra visión general de la implantación de la nube aquí es contextual y no pretende ser una introducción general. En esta sección nos centramos en las consideraciones arquitectónicas que permiten alcanzar los objetivos de modernización y transformación de la empresa.

Los servicios en la nube ofrecen tres modelos de servicio principales. Los modelos más populares son IaaaS (Infrastructure as a Service), PaaS (Platform as a Service) y SaaS (Software as a Service). También hay varios otros tipos de servicio, pero en lugar de usar sus nombres, colectivamente los llamamos XaaaS. Este acrónimo cubre cualquier servicio de computación que pueda ser entregado a través de Internet y consumido a medida que se va modelando sin necesidad de comprar por adelantado su infraestructura o las licencias requeridas.

Para los programas de modernización empresarial, podemos utilizar modelos IaaS, PaaS y SaaS basados en nuestros requisitos. La infraestructura, las plataformas y el software cubren una gran parte de los sistemas de TI de la empresa. Sin embargo, también existe la posibilidad de que podamos utilizar otros tipos de servicio como los modelos

BPaaS (Business Process as a Service) y BDaaaS (Big Data as a Service).

Otro punto fundamental que debemos conocer es el modelo de implantación de la nube. Existen cuatro tipos de modelos de implementación para los servicios basados en la nube. Son públicos, privados, híbridos y comunitarios.

Aunque la Nube Pública es la más utilizada por pequeñas y medianas empresas, empresas de nueva creación y particulares, también podemos utilizarla para programas de toda la empresa basados en los requisitos. Hay muchos proveedores de servicios públicos en la nube. Los proveedores de servicios de Public Cloud más conocidos son Amazon, Google, Microsoft, SalesForce y Rackspace. Estos proveedores de servicios tienen una amplia gama de ofertas que incluyen infraestructura, plataforma, software y muchos otros servicios de TI.

La nube privada es establecida de forma privada por grandes organizaciones que utilizan tecnologías de nube, generalmente alojadas en las instalaciones o alquiladas por centros de datos. El objetivo principal de una nube privada es la seguridad y el cumplimiento de las normativas. Nuestros objetivos de modernización empresarial pueden requerir el despliegue de la Nube Privada en la empresa. Tengamos en cuenta que esto puede ser costoso y consumir mucho tiempo.

El tercer modelo es la Nube Híbrida, que es una combinación integrada de Ofertas Públicas y Privadas. Por ejemplo, una organización puede utilizar la Nube Privada para su carga de trabajo particular, lo que puede requerir seguridad y cumplimiento normativo. La misma organización también puede suscribirse a una Nube Pública para otros fines, como por ejemplo para sus cargas de trabajo genéricas y menos críticas para la misión. Por ejemplo, la prueba de concepto, la prueba de tecnología, el desarrollo, las pruebas y los entornos piloto pueden ser candidatos ideales para el modelo de suscripción a la Nube Pública. Podemos aprovechar el poder del modelo de la Nube Pública para varios aspectos de los programas de modernización de la empresa.

También tenemos que considerar el modelo de despliegue de la Comunidad en la Nube. Las organizaciones pueden utilizar el modelo de la Comunidad en la Nube para colaborar y compartir sus proyectos mutuos en una plataforma común. El modelo de comunidad en la nube constituye la conexión del acceso privado en la nube a la partición asignada de dos o más organizaciones de los servicios en la nube. Podemos implementar la comunidad de nubes internamente o externamente en nuestra empresa.

Para nuestras iniciativas de modernización empresarial, debemos considerar estos modelos de implementación y elegir el modelo más apropiado para nuestras soluciones. Por ejemplo, si nuestra solución contiene datos confidenciales y no puede pasar por otras zonas geográficas, entonces debemos considerar los servicios de la Nube Privada. Si nuestras cargas de trabajo no son de misión crítica y no tienen datos confidenciales, podemos aprovechar las ofertas de la Nube Pública.

La Nube Híbrida como Enfoque Empresarial

En esta sección, cubrimos lo que significa la nube híbrida, qué propuestas de valor presenta, qué beneficios financieros aporta a las organizaciones. También cubrimos la importancia de la Nube Híbrida para la financiación de patrocinadores y ejecutivos de entrega. Para que la nube híbrida tenga éxito y sea rentable a efectos de modernización de la empresa, es necesario tener en cuenta aspectos fundamentales.

La Nube Híbrida incluye una combinación de actividades de prestación de servicios en las instalaciones y de terceros de forma integrada y orquestada. La On-premise se conoce normalmente como Nube Privada, y los proveedores de servicios de terceros se conocen como Nube Pública. Estas capacidades de integración y orquestación permiten que las cargas de trabajo informáticas se muevan entre estos dos modelos de nube distintos (privado y público) con el equilibrio óptimo deseado.

La Nube Privada local se utiliza normalmente para alojar cargas de trabajo sensibles a la seguridad y críticas para la empresa. Mientras que la Nube Pública se extiende para alojar cargas de trabajo genéricas y crecientes, que son menos sensibles a la seguridad y requieren menos recursos, como los entornos de desarrollo o de prueba.

En términos de propuesta de valor clave y beneficios, la Nube Híbrida es un modelo flexible y proporciona mejores opciones de despliegue de datos y aplicaciones. El principal caso de uso de la Nube Híbrida es la gestión de cargas de trabajo dinámicas e inesperadas, que requieren un cálculo en tiempo real para satisfacer las demandas de los clientes en períodos concretos, como ofertas especiales de ventas, vacaciones y otros eventos especiales. Como estos tiempos son quizás una o dos veces al año, no es productivo que las empresas inviertan por adelantado hardware, software, licencias, gestión y costes de mano de obra para crear un entorno informático que podría estar inactivo durante casi el 90% del tiempo.

Cuando las limitaciones de tiempo y recursos se convierten en preocupaciones para una organización, las cargas de trabajo principales como bases de datos, aplicaciones, escritorios virtuales, servidores de correo y otros servidores de alojamiento se pueden equilibrar de forma óptima mediante la extensión de la Nube Privada a la Nube Pública. Este particular modelo de solución basado en la demanda hace que la Nube Híbrida sea atractiva para los propietarios de negocios, patrocinadores y ejecutivos como CEOs, CIOs o CTOs responsables del diseño, implementación y soporte de cargas de trabajo con agilidad.

A medida que la implantación de la Nube Híbrida hace que la Nube Privada sea más elástica y más rápida de crecer bajo demanda (pago por uso y modelo de consumo basado en utilidades) al extenderse a la Nube Pública, crea recursos informáticos bajo demanda casi ilimitados de forma segura, incluyendo el rendimiento y la disponibilidad requeridos, basados en acuerdos de nivel de servicio (SLA).

Esta solución oportuna, ágil y flexible, sin pago por adelantado, es una de las principales razones por las que estos ejecutivos de financiación de nivel C y los ejecutivos de entrega añaden la Nube Híbrida a su cartera como un elemento prioritario.

Este caso de uso de negocio (carga de trabajo óptimamente equilibrada, extendida a la nube pública) hace del modelo de la Nube Híbrida un área que se desarrolla rápidamente y es adoptada por la industria y los proveedores de servicios con millones de dólares de inversión para llenar un vacío en este nuevo y exigente mercado.

La Nube Híbrida realmente importa para los ejecutivos de nivel C que son responsables del crecimiento de sus organizaciones porque este modelo permite que el modelo económico de sus organizaciones se mueva sustancialmente de un modelo de CAPEX a otro de OPEX al cumplir con los requisitos y preocupaciones de rendimiento, disponibilidad y seguridad requeridos.

Tan importante como los puntos anteriores, el ROI (Return on Investment = Retorno de la Inversión) al extenderse a la Nube Pública es casi inmediato. Por lo tanto, esta propuesta de valor productivo puede ser sustancial para los programas de modernización de las empresas.

Ahora vamos a tocar brevemente las consideraciones críticas en la transformación de la Nube Pública al modelo de la Nube Híbrida. Como cualquier proyecto de modernización, el principal factor crítico es una planificación rigurosa. Sí, la Nube Pública está lista para su uso y es cuestión de suscribirse a los servicios en Internet; sin embargo, el verdadero reto para extender la Nube Privada a la Nube Pública es el mantenimiento del equilibrio de la carga de trabajo interna y la integración de múltiples servicios. La creación de este equilibrio e integración puede requerir una cantidad considerable de trabajo arquitectónico y técnico.

Las organizaciones necesitan evaluar sus necesidades y planear moverse gradualmente debido al impacto adverso de moverse demasiado rápido y con demasiados intereses a la mano. Por ejemplo, necesitamos considerar los requisitos no funcionales de todos los sistemas y aplicaciones, incluyendo el rendimiento, la seguridad, la disponibilidad (acuerdos de nivel de servicio), la automatización, la orquestación, la replicación y los mecanismos de distribución.

La Nube Híbrida puede ser un modelo rentable para las organizaciones que tienen cargas de trabajo fluctuantes. Aunque suscribirse a un Modelo Público es más cómodo para una extensión, para poder mantener una carga de trabajo equilibrada entre los modelos de Nube Privada y Pública, existe la necesidad de planificar, diseñar y desplegar procesos inteligentes de gestión de cargas de trabajo y tecnologías de equilibrio de carga. Además, los procesos organizativos internos, la política, las habilidades y los asuntos financieros también deben ser abordados y resueltos antes de iniciar los servicios de suscripción a la Nube Pública. A pesar de todo, la Nube Híbrida es un enfoque y modelo de servicio ganador que muchas organizaciones ya han comenzado a utilizar de forma eficiente.

La consideración principal para adoptar un modelo de nube híbrida en el programa de modernización empresarial es evaluar la preparación de la empresa para adoptar este modelo. Como Arquitectos Empresariales, necesitamos liderar las discusiones, crear conciencia, añadirlo a nuestra hoja de ruta de modernización empresarial, hacer algunas comparaciones de costes de alto nivel e informar a nuestros ejecutivos patrocinadores.

Modelo de Costo Inteligente

El coste es el factor número uno en las iniciativas de modernización de las empresas. Para hacer frente a este factor crítico, los Arquitectos Empresariales necesitan desarrollar modelos de costes inteligentes para crear hojas de ruta de la nube. Un modelo de costes sencillo puede incluir una comparación entre construir su propia nube y suscribirse a un proveedor de servicios la nube. Por lo general, la suscripción a una nube pública se percibe como más económica debido a la falta de pago por adelantado o a que algunos proveedores, como Google, ofrecen descuentos por uso continuado. Sin embargo, puede haber excepciones a esta percepción, ya que cada organización tiene capacidades diferentes y varios factores que afectan a la rentabilidad del uso de los servicios públicos en la nube.

He visto que algunas organizaciones que utilizan su hardware y software existente y aprovechan a sus empleados cualificados pueden crear un sistema Nube más económico para la modernización de sus empresas. Su modelo de costes inteligente puede validar la viabilidad de este enfoque. Su modelo de costes inteligente debe incluir costes visibles e invisibles.

Puede haber muchos costes ocultos tanto en la construcción de su propia nube como en la suscripción a los servicios públicos de la nube. Algunos de los costes ocultos que identificamos durante algunas evaluaciones fueron el coste de la gestión de parches, la adaptación del sistema, la formación continua, el soporte de dispositivos para el usuario final y la actualización de hardware y software. Los costos ocultos son los más difíciles de tratar en los programas de modernización de las empresas. Por lo tanto, debemos estar alerta en todo momento.

Actividades de Optimización de la Nube

La adopción de la nube en una empresa puede requerir varias actividades de optimización. Uno de los más importantes es la optimización de costes. Necesitamos determinar si los sistemas actuales están proporcionando valor para la entrega de negocios.

La optimización de muchos componentes, como la potencia de los ordenadores, el almacenamiento, la red, las instalaciones, el middleware, las aplicaciones y los datos, es fundamental. Estas consideraciones de optimización requieren algunas decisiones tempranas sobre si cambiar y levantar, migrar, consolidar o crear un nuevo entorno. Durante esta evaluación de optimización, puede ser útil predecir cargas de trabajo basadas en varias IOPS, tamaño de volumen de almacenamiento o CPUs. La optimización de la nube puede formar parte de una práctica de evaluación de la modernización de la empresa.

Gestión de la Carga de Trabajo

La planificación y gestión de la carga de trabajo forma parte de los programas de modernización de la empresa. Podemos definir la carga de trabajo como las peticiones realizadas por las aplicaciones y sus usuarios. La gestión de las cargas de trabajo es fundamental para planificar los servicios en la nube en una empresa.

La gestión de la carga de trabajo se refiere a la ubicación de la ejecución de datos relacionados con el procesamiento, almacenamiento y análisis. Hay diferentes cargas de trabajo. Tenemos que clasificarlos en los grupos adecuados. Puede haber dos tipos principales de cargas de trabajo: estáticas y dinámicas. Podemos aprovechar la arquitectura de microservicios de la nube para realizar las evaluaciones necesarias.

Una vez que categorizamos las cargas de trabajo en la fase de arquitectura y planificación, podemos tomar decisiones sobre qué carga de trabajo desplegar y en qué modelos de servicio de la nube. A continuación, estas decisiones se refieren a las fases de diseño y despliegue en el ciclo de vida de la modernización de la empresa.

Relación entre la Nube, los Grandes Datos y la IO

La nube, los grandes datos y la IO son los principales facilitadores de las iniciativas de modernización de las empresas en la actualidad. La IO, los grandes datos y la computación en la nube son tres ámbitos tecnológicos distintos con casos de utilización que se solapan. Cada tecnología tiene sus propios méritos; sin embargo, la combinación de tres crea una sinergia y la oportunidad de oro para que las empresas cosechen los beneficios exponenciales. Esta combinación puede crear magia tecnológica para la innovación cuando se diseña, implementa y opera adecuadamente.

Podemos empezar con una visión de alto nivel de estas tecnologías, definiéndolas desde una perspectiva arquitectónica y ofreciendo una visión general de sus relaciones en la creación de sinergias y beneficios potenciales para las empresas.

Para identificar las relaciones entre estas tres tecnologías, podemos empezar con la IO y la relación de grandes datos primero. Para la modernización de las empresas, podemos considerar la IO como la entrada o la fuente de datos para las soluciones de grandes datos. Los grandes datos incluyen muchos tipos de conjuntos de datos; sin embargo, los datos de la IO son esenciales para crear innovaciones, nuevas perspectivas y nuevas oportunidades de negocio.

Entonces, necesitamos entender dónde encaja el Computación en la Nube en esta mágica combinación. La Computación en la Nube presenta capacidades de habilitación y empoderamiento, no sólo como una plataforma de alojamiento para los grandes datos, sino que también proporciona procesamiento y análisis avanzados de una manera económica, escalable, confiable y ágil.

Podemos considerar la IO como un factor enriquecedor para los servicios de Datos Grandes y de Nube. Con las contribuciones de la IO y la nube, los grandes datos pueden lograr resultados sin precedentes en la creación de nuevas empresas y el crecimiento de las ya existentes.

Las soluciones de Grandes Datos sin Nube pueden ser costosas y complicadas debido a los requisitos de infraestructura de almacenamiento, procesos y análisis. No sólo el enorme volumen de los Grandes Datos, sino también otras características vitales como la variedad de fuentes de datos, la velocidad (velocidad), la veracidad de los datos y el valor requerido de los datos en movimiento hacen que sea un sistema muy complejo.

Por supuesto, el alcance de la nube es mucho mayor que el de soportar los grandes datos. Sin embargo, podemos considerar la computación en nube sólo como un factor facilitador y potenciador de los grandes datos. Cuando creamos las soluciones de arquitectura grandes datos para la modernización empresarial, es fundamental considerar la integración de la IO y la nube en nuestras soluciones. La IO proporciona datos en tiempo real de muchos sensores a los objetos utilizados en todas las industrias hoy en día. Ofrecí la importancia de la IO y varios casos de uso de la IO en uno de mis libros titulado "A Practical Guide for IO Solution Architects" (Guía práctica para arquitectos de soluciones de IO).

Consideraciones Sobre la Calidad y la Adopción de la Nube

Desde una perspectiva arquitectónica, la calidad de los servicios de la nube para las soluciones de grandes datos tiene varias características. Necesitamos tener en cuenta varios puntos fundamentales de la arquitectura a la hora de diseñar una solución de grandes datos integrada con el modelo de servicios de computación en nube. No podemos simplemente suscribirnos a un servicio público de computación en nube o asumir un entorno privado de computación en nube sin realizar una diligencia exhaustiva.

Podemos desarrollar una lista de comprobación para los requisitos fundamentales y deseables. Los siguientes son algunos puntos esenciales a tener en cuenta. Tengamos cuidado de que esta no es una lista exhaustiva. Abarca algunos puntos clave a un alto nivel. Sin embargo, estos puntos pueden darle una idea de los puntos cruciales a considerar.

Como la gobernanza es un factor crítico, podemos empezar a revisar la estructura de gobernanza. La solución debe cumplir con los requisitos de cumplimiento normativo. Por ejemplo, la privacidad es una de las consideraciones regulatorias clave.

Al utilizar la experiencia de un analista o especialista en seguridad, necesitamos examinar todos los aspectos de la seguridad, incluyendo la autenticación, la gestión de identidades, la autorización, el cifrado y muchos otros aspectos. La seguridad es una cuestión sistémica fundamental para las soluciones y servicios en la nube. Una forma de verlo es si puede confiar en la seguridad de esta solución o servicios específicos de computación en nube para alojar su proyecto de datos de gran tamaño. La continuidad del negocio y la recuperación ante desastres deben ser implementadas, probadas y validadas. Tenemos que comprobar si los servicios en la nube que consideramos son auditados de forma independiente.

Todos los requisitos no funcionales, como el rendimiento, la disponibilidad, la escalabilidad, la interoperabilidad, etc., deben ser analizados, seguidos y validados. Necesitamos revisar los acuerdos de nivel de servicio para estos requisitos no funcionales; por ejemplo, cuánto tiempo de actividad está garantizado y qué tipo de niveles de rendimiento están garantizados.

Debemos articular el proceso y los servicios en la nube en documentos relevantes accesibles a los equipos del proyecto de los datos de gran tamaño y a los consumidores de datos relevantes. La usabilidad de estos documentos también es esencial.

Las conexiones de red y todos los demás requisitos de conectividad deben ser verificados y validados con los proveedores de servicios de la nube. Fundamentalmente, si no hay red, no hay Nube! Podemos comprobar qué operadores se están utilizando, qué tecnologías y herramientas de red se utilizan en la infraestructura de la nube. Los grandes datos dependen totalmente de la red cuando se utilizan los servicios de la nube para las soluciones.

Las aplicaciones, componentes de middleware y otras herramientas de la plataforma de la Nube deben estar listas para su uso. Desde la perspectiva de la solución Datos Grandes, necesitamos determinar si estas aplicaciones, herramientas de middleware y otras herramientas se ajustan al propósito de nuestra solución. Además, estas herramientas pueden requerir personalización, ajuste y configuraciones únicas. Como Arquitectos Empresariales, es nuestra responsabilidad determinar estos requisitos y asegurarnos de que estén cubiertos en la solución de soporte.

Las facilidades de integración de sistemas, APIs también necesitan estar disponibles en los servicios de alojamiento en nube. Tenemos que comprobar si podemos integrar nuestras soluciones basándonos en la infraestructura y las herramientas de integración disponibles.

Y lo que es más importante, los servicios de gestión de datos y las herramientas de análisis deben estar listos para su uso. Nuestros expertos en la materia necesitan verificar la disponibilidad de estas herramientas en el contrato de servicio determinado. Como buena práctica, empezar a probar los servicios de la nube con una pequeña prueba de concepto para asegurarnos de que cumple con los requisitos de nuestra solución de grandes datos.

Para iniciar el proceso de adopción de la nube para nuestras soluciones de grandes datos en programas de modernización, necesitamos crear un plan de transición a la nube completo. Este plan debe cubrir todos los aspectos de la adopción con múltiples partes interesadas en la organización. Abarca no sólo los aspectos técnicos y arquitectónicos, sino también los comerciales, de proyectos, comerciales y financieros. Los Arquitectos Empresariales pueden proporcionar una estructura de conocimiento y gobierno de alto nivel, pero es responsabilidad del arquitecto de la solución garantizar que el entorno de alojamiento en la nube sea óptimo para servir a la solución de los Grandes Datos.

Con este fin, necesitamos entender la calidad de los servicios proporcionados para la adopción de la nube y revisar los acuerdos de nivel de servicio para que se ajusten a nuestros objetivos operativos para alojar nuestras soluciones de grandes volúmenes de datos. La trazabilidad de los requisitos de arquitectura y el mapeo de los requisitos de la solución con el nivel de servicio proporcionado puede ser una buena práctica para garantizar la operatividad y la capacidad de servicio de nuestra solución de datos de gran tamaño.

Tras estas rigurosas preocupaciones arquitectónicas

sobre la IO, los grandes datos y la combinación de la nube, en el próximo capítulo discutiremos más a fondo el uso de los grandes datos específicamente con fines de modernización de la empresa.

Resumen del Capítulo y Puntos Clave

La nube es un modelo crítico de tecnología y servicios para las empresas y los lugares de trabajo modernos. Esta tecnología forma parte de muchos programas de modernización y transformación en todo el mundo.

El modelo de servicios en la nube puede ser la solución perfecta para potenciar las iniciativas de modernización y transformación de las empresas. Los atributos más deseables de la computación en nube son la elasticidad y la escalabilidad.

El pago por uso y bajo demanda son otras características del modelo de servicios de la nube. Los consumidores pueden utilizarlo cuando demandan los servicios requeridos sin necesidad de realizar un pago por adelantado o una inversión dedicada a los recursos de TI de su organización.

El movimiento flexible de las cargas de trabajo es otro atributo crucial del modelo de servicios en la nube. Puede haber ocasiones en que una organización necesite ejecutar sus cargas de trabajo en una zona horaria diferente. En este caso, podemos trasladar rápidamente las cargas de trabajo a un centro de datos de otra región o país.

Los servicios en la nube ofrecen tres modelos de servicio principales. Los modelos más populares son IaaaS (Infrastructure as a Service = la infraestructura com servicio), PaaS (Platform as a Service = la plataforma como servicio) y SaaS (Software as a Service = el software como servicio). También hay varios otros tipos de servicio, pero en lugar de usar sus nombres, colectivamente los llamamos XaaaS.

Otro punto fundamental que debemos conocer es el modelo de implantación de la nube. Existen cuatro tipos de modelos de implementación para los servicios basados en la nube. Son públicos, privados, híbridos y comunitarios.

Después de Privado y Público, el tercer modelo es la Nube Híbrida, que es una combinación integrada de Ofertas Públicas y Privadas. Por ejemplo, una organización puede utilizar la Nube Privada para su carga de trabajo particular, lo que puede requerir seguridad y cumplimiento normativo.

El coste es el factor número uno en las iniciativas de modernización de las empresas. Para hacer frente a este factor crítico, los arquitectos de Arquitectos Empresariales necesitan desarrollar modelos de costes inteligentes para crear hojas de ruta de la nube. Un modelo de costes sencillo puede incluir una comparación entre construir su propia nube y suscribirse a un proveedor de servicios de la nube.

Puede haber muchos costes ocultos tanto en la construcción de su propia nube como en la suscripción a los servicios públicos de la nube. Algunos de los costes ocultos que identificamos durante algunas evaluaciones fueron el coste de la gestión de parches, la adaptación del sistema, la formación continua, el soporte de dispositivos para el usuario final y la actualización de hardware y software.

La optimización de muchos componentes, como la potencia de los ordenadores, el almacenamiento, la red, las instalaciones, el middleware, las aplicaciones y los datos, es fundamental.

Una vez que categorizamos las cargas de trabajo en

la fase de arquitectura y planificación, podemos tomar decisiones sobre qué carga de trabajo desplegar y en qué modelos de servicio en la nube. A continuación, estas decisiones se refieren a las fases de diseño y despliegue en el ciclo de vida de la modernización de la empresa.

La nube, los grandes datos y la IO son los principales facilitadores de las iniciativas de modernización de las empresas en la actualidad. La IO, los grandes datos y la computación en la nube son tres ámbitos tecnológicos distintos con casos de utilización que se solapan.

La continuidad del negocio y la recuperación ante desastres deben ser implementadas, probadas y validadas. Tenemos que comprobar si los servicios en la nube que consideramos son auditados de forma independiente.

Las facilidades de integración de sistemas, APIs también necesitan estar disponibles en los servicios de alojamiento en nube. Tenemos que comprobar si podemos integrar nuestras soluciones basándonos en la infraestructura y las herramientas de integración disponibles.

Para iniciar el proceso de adopción de la nube para nuestras soluciones Big Data en programas de modernización, necesitamos crear un plan de transición a la nube completo. Este plan debe cubrir todos los aspectos de la adopción con múltiples partes interesadas.

Capítulo 11: Datos Importantes para la Modernización de la Empresa

Propósito

Un hecho significativo es que los datos grandes son omnipresentes en las empresas. Cada empresa genera grandes cantidades de datos. Los datos grandes son diferentes de los datos tradicionales. Las principales diferencias provienen de características como el volumen, la velocidad, la variedad, la veracidad, el valor y la complejidad general de los conjuntos de datos en un ecosistema de datos.

Hay muchas definiciones de Big Data en la industria y en las publicaciones académicas, sin embargo, la definición más sucinta y completa que estoy de acuerdo es la de Gartner: "Los grandes datos son activos de información de gran volumen, alta velocidad y gran variedad que exigen formas rentables e innovadoras de procesamiento de la información para mejorar el conocimiento y la toma de decisiones". La única palabra clave que falta en esta definición es la 'veracidad'. También añadiría a esta definición que estas características están interrelacionadas y son interdependientes.

El volumen se refiere al tamaño o cantidad de conjuntos de datos. Podemos medirlos en terabytes, petabytes o exabytes. No hay definiciones específicas para determinar el umbral de los grandes volúmenes de datos. Irónicamente, aunque se llama Datos Grandes, y es un significante, el volumen no es la característica principal de los Datos Grandes en lo que respecta a la arquitectura, el diseño y los despliegues.

La velocidad se refiere a la velocidad de producción de datos. Las grandes fuentes de datos generan flujos de datos de alta velocidad procedentes de dispositivos en tiempo real como teléfonos móviles, medios sociales, sensores IoT, gateways de borde IoT y almacenes de datos de la Nube. La velocidad es un factor esencial en todas las fases de la arquitectura de Big Data y en las consideraciones de gestión.

La variedad se refiere a múltiples fuentes de datos. Las fuentes de datos incluyen datos transaccionales estructurados, semiestructurados como sitios web o registros de sistema, y datos no estructurados como vídeo, audio, animación e imágenes. La variedad es también un factor importante para la arquitectura de datos grandes y las consideraciones de gestión de los datos grandes.

Veracidad significa la calidad de los datos. Dado que el volumen y la velocidad son enormes en Datos Grandes, la veracidad es un gran desafío. Es esencial tener una salida de calidad para que los datos tengan sentido para la comprensión del negocio. La veracidad también está relacionada con el valor. El valor es el propósito principal de los datos grandes para crear nuevas perspectivas y obtener valor comercial de los datos grandes. Podemos crear valor con enfoques innovadores y creativos adoptados por todas las partes interesadas en una solución de datos de gran tamaño. La complejidad general para los datos grandes se refiere a más atributos de los datos y a la dificultad para extraer el valor deseado debido al gran volumen, la gran variedad, la enorme velocidad y la veracidad requerida para el valor deseado.

A pesar de ser arquitectónicamente similar a los datos tradicionales, los datos grandes requieren métodos y herramientas más nuevos para tratar con los datos. Los métodos y herramientas tradicionales no son adecuados para procesar Big Data. El proceso consiste en capturar una cantidad sustancial de datos de múltiples fuentes, almacenar, analizar, buscar, transferir, compartir, actualizar, visualizar y gobernar grandes volúmenes de datos en la magnitud de petabytes o incluso exabytes.

Irónicamente, la principal preocupación u objetivo de los datos grandes no es la cantidad de datos, sino las técnicas analíticas más avanzadas para producir valor a partir de estos grandes volúmenes de datos. La analítica avanzada en este contexto se refiere a enfoques tales como la analítica descriptiva, predictiva, prescriptiva y diagnóstica.

La analítica descriptiva se ocupa de situaciones como lo que está sucediendo ahora mismo en base a los datos entrantes. El análisis predictivo se refiere a lo que podría suceder en el futuro. La analítica prescriptiva trata de las acciones a tomar. La analítica diagnóstica plantea la pregunta de por qué sucedió algo. Cada tipo de análisis sirve para diferentes escenarios y casos de uso.

Para las iniciativas de modernización de las empresas, debemos considerar a los Grandes Datos como un actor crítico en el ecosistema para crear nuevos conocimientos y ayudar a alcanzar los objetivos de modernización.

Gestión del Ciclo de Vida de los Datos Grandes

Los arquitectos empresariales necesitan entender el ciclo de vida de Grandes Datos para los programas de modernización. Nuestros roles y responsabilidades pueden diferir en diferentes etapas; sin embargo, necesitamos estar en la cima de la gestión del ciclo de vida, especialmente desde la perspectiva de la gobernanza, de principio a fin.

Basándome en mi experiencia y en las aportaciones obtenidas de publicaciones del sector, desde la perspectiva de las soluciones arquitectónicas, una solución típica de Big Data, similar al ciclo de vida de los datos tradicionales, incluye varias fases distintas en la gestión global del ciclo de vida de los datos.

Los Arquitectos Empresariales están involucrados en todas las fases del ciclo de vida, proporcionando diferentes aportes para cada etapa. Estas fases pueden tener diferentes nombres en diferentes equipos de solución de datos. Los Arquitectos Empresariales deben crear una convención estándar de nombres para las fases para que todos estén en la misma página. Tengamos en cuenta que no existe un enfoque sistemático universal riguroso para el ciclo de vida de los Grandes Datos, ya que la disciplina aún está evolucionando. Los nombres y los enfoques cambian continuamente sobre la base de las experimentaciones en curso. Familiaricémonos con las fases que propongo para mantener una comprensión y claridad comunes.

Fase 1: Fundaciones Bases de Datos de Gran Tamaño

Fase 2: Adquisición de Datos a gran tamaño

Fase 3: Preparación de grandes datos

Fase 4: Entrada de datos de gran tamaño

Fase 5: Procesamiento de datos de gran tamaño

Fase 6: Producción e interpretación de grandes volúmenes de datos

Fase 7: Almacenamiento de datos de gran tamaño

Fase 8: Integración de datos de gran tamaño

Fase 9: Análisis de datos de gran tamaño

Fase 10: Consumo de datos de gran envergadura

Fase 11: Retención , copia de seguridad y archivado de datos de gran tamaño

Fase 12: Destrucción de datos de gran tamaño

Ahora, vamos a tener una visión general de cada fase con puntos guía. Estos no son nombres oficiales. Por lo tanto, podemos personalizar estas fases en función de las prácticas de datos utilizadas en nuestra organización. Nuestra arquitectura empresarial puede tener una ontología para las fases de solución. En ese caso, podemos usarlos.

Fase 1: Fundaciones: La fase de fundación incluye la comprensión y validación de los requisitos de datos, el alcance de la solución, las funciones y responsabilidades de las partes interesadas, la preparación de la infraestructura de datos, las consideraciones técnicas y no técnicas, y la comprensión de las reglas de datos en una organización.

Esta fase requiere un plan detallado facilitado idealmente por un director de proyecto con una importante aportación de los arquitectos de la solución Big Data. Un PDR (informe de definición de proyecto) debe cubrir los asuntos no técnicos tales como el financiamiento del proyecto, los comerciales y otros asuntos. Los Arquitectos Empresariales gobierna esta fase.

Fase 2: Adquisición de Datos: Esta fase se refiere a la recolección de datos. Podemos obtener datos de varias fuentes. Estas fuentes pueden ser internas y externas a la organización. Las fuentes de datos pueden ser formularios estructurados, como los que se transfieren desde un almacén de datos, sistemas de transacciones o formularios semiestructurados, como los registros web o de sistemas, o no estructurados, como los archivos multimedia, que consisten en vídeos, audios o imágenes.

Los Arquitectos Empresariales guían a los arquitectos de Datos Grandes para facilitar esta fase de forma óptima. Los controles de gobierno, seguridad, privacidad y calidad de los datos comienzan con la fase de recopilación de datos. El arquitecto principal de la solución de Datos Grandes necesita documentar la estrategia de recopilación de datos, los requisitos, las decisiones arquitectónicas, los casos de uso y las especificaciones técnicas en esta fase. Los Arquitectos Empresariales revisan y aprueban los requisitos y las decisiones arquitectónicas. Los especialistas en datos y plataformas revisan y aprueban las especificaciones.

Fase 3: Preparación de los Datos: En la fase de preparación de los datos, limpiamos los datos brutos recogidos. Comprobamos rigurosamente los datos para detectar inconsistencias, errores y duplicados. Eliminamos sistemáticamente cualquier conjunto de datos y entradas redundantes, duplicados, incompletos o incorrectos. Esta actividad resulta en un conjunto de datos limpio. La preparación de los datos no suele ser una tarea arquitectónica, sin embargo, los Arquitectos Empresariales necesitan gobernar esta fase. Pueden delegar las actividades de detalles a los arquitectos y especialistas de la solución de Datos Grandes.

Fase 4: Entrada de Datos: La entrada de datos se refiere al envío de datos a repositorios o sistemas de datos de destino planificados. Por ejemplo, enviamos los datos limpios a determinados destinos como sistemas CRM, lagos de datos o almacenes de datos. En esta fase, transformamos los datos brutos en un formato utilizable. Los Arquitectos Empresariales gobiernan esta fase; sin embargo, delegue las actividades a los arquitectos y especialistas de los Grandes Datos.

Fase 5: Procesamiento de Datos: El procesamiento de datos comienza con el procesamiento de la forma en bruto de los datos. Luego, convertimos los datos en un formato legible que le da la forma y el contexto. Después de esta actividad, podemos interpretar los datos mediante las herramientas de análisis de datos seleccionadas. Podemos utilizar herramientas de procesamiento genéricas de Grandes Datos o propietarias basadas en las prácticas de datos de nuestra organización. Algunas herramientas estándar que podemos considerar son Hadoop MapReduce, Impala, Hive, Pig, y Spark SQL. La herramienta de procesamiento de datos en tiempo real más común es HBase, y las herramientas de procesamiento de datos en tiempo casi real son Spark Streaming. El procesamiento de datos también incluye actividades como la anotación, integración, agregación y representación de datos.

En esta fase, los datos pueden cambiar su formato en función de los requisitos. Podemos utilizar los datos procesados en varias salidas de datos, como en lagos de datos, para redes empresariales y dispositivos conectados. Podemos analizar más a fondo los datos utilizando técnicas y herramientas de procesamiento avanzadas como Spark MLib, Spark GraphX y el aprendizaje de la máquina.

El procesamiento de datos requiere varios miembros del equipo con diferentes conjuntos de habilidades. Mientras que el arquitecto principal de la solución dirige la fase, los especialistas en datos, los ingenieros y los científicos de datos realizan la mayoría de las actividades. Los Arquitectos Empresariales gobiernan esta fase desde la perspectiva del enfoque, proceso, tecnología y herramientas.

Fase 6: Salida de Datos e Interpretación: La salida

de datos es una fase en la que los datos están en un formato listo para ser consumidos por los usuarios empresariales. Podemos transformar datos en formatos utilizables como texto plano, gráficos, imágenes procesadas o archivos de vídeo. Esta fase anuncia los datos listos para su uso y los envía a la siguiente etapa para su almacenamiento. Esta fase en algunas organizaciones también se denomina ingesta de datos con el objetivo de exportar datos para su uso inmediato o futuro y mantenerlos en formato de base de datos. El proceso de ingestión puede ser en tiempo real o por lotes. Algunas de las herramientas estándar de ingestión de Big Data son Sqoop, Flume y Spark streaming.

Fase 7: Almacenamiento de Datos: Una vez completada la fase de salida de datos, almacenamos los datos en unidades de almacenamiento asignadas, tal y como se indica en los diseños de la plataforma de datos. Una vez que los datos están almacenados, los grupos de usuarios definidos pueden acceder fácilmente a ellos. El almacenamiento de datos grandes incluye tecnologías subyacentes como el almacenamiento de datos relacionales o el almacenamiento de datos extendido como HDFS y HBASE. Podemos considerar los formatos de archivo texto, binario, u otro tipo de formatos especializados como Secuencia, Avro y Parquet en fase de almacenamiento de datos. En esta fase participan varios arquitectos y especialistas. Mientras que los Arquitectos Empresariales establecen los estándares, los Arquitectos de Infraestructura construyen la plataforma con las aportaciones de los Arquitectos de Datos Grandes.

Fase 8: Integración de Datos: Una vez que los datos son almacenados, en modelos tradicionales, se termina el proceso. Sin embargo, en el caso de los Grandes Datos, puede ser necesario integrar los datos almacenados para diversos fines. Algunos modelos de datos pueden requerir la integración de lagos de datos con un almacén de datos o un data marts. También puede haber requisitos de integración de aplicaciones. Por ejemplo, algunas actividades de integración pueden incluir la integración de datos con cuadros de mando, cuadros de mando, sitios web o aplicaciones de visualización de datos. Esta actividad puede solaparse con la siguiente fase, que es el análisis de datos.

Fase 9: Análisis de Datos: Los datos integrados están listos para el análisis de datos, que es la siguiente fase. El análisis de datos es un componente importante de los datos grandes. Esta fase es crítica porque obtenemos valor de negocio de los grandes datos. Puede haber un equipo responsable del análisis de datos dirigido por un científico de datos. El arquitecto de datos tiene un papel limitado en esta fase. Los arquitectos de datos necesitan asegurarse de que completamos esta fase utilizando el rigor arquitectónico para el análisis. Los Arquitectos Empresariales validan los estándares.

Fase 10: Consumo de Datos: Una vez realizada la analítica de datos, los convertimos en información lista para ser consumida por los usuarios internos o externos, incluidos los clientes de la organización.

Fase 11: Retención de Grandes Datos, Copia de Seguridad y Archivodo: Es posible que sea necesario realizar una copia de seguridad de algunos datos críticos. Existen estrategias, técnicas, métodos y herramientas de respaldo de datos que los arquitectos empresariales y de soluciones necesitan para identificar, documentar y obtener la aprobación. Es posible que necesitemos archivar algunos datos críticos por razones regulatorias u otras razones comerciales durante un período definido. Los Arquitectos

Empresariales determinan y documentan la estrategia de retención de datos aprobada por el cuerpo gobernante en el departamento de práctica de datos.

Fase 12: Destrucción de Grandes Datos: Puede haber requisitos reglamentarios para destruir un tipo particular de datos después de un cierto número de veces. Estos pueden cambiar en función de las industrias a las que pertenecen los datos. Aunque existe un orden cronológico para la gestión del ciclo de vida, para la producción de soluciones de Grandes Datos, algunas fases pueden solaparse ligeramente; por lo tanto, podemos realizarlas en paralelo. El ciclo de vida es la única directriz y puede personalizarse en función de la estructura del equipo de solución de datos, las necesidades de datos y la dinámica de los departamentos de la organización propietaria o de la empresa.

Componentes de la Solución de Datos Grandes

La arquitectura de la solución de datos grandes comienza con una comprensión del proceso de principio a fin. Podemos clasificar el proceso en dos grandes categorías. La primera es la gestión de datos, y la segunda es la analítica de datos.

Necesitamos entender las actividades de gestión de datos como la adquisición, extracción, limpieza, anotación, procesamiento, integración, agregación y representación de datos. Los componentes de análisis de datos de alto nivel son actividades como la modelización, el análisis, la interpretación y la visualización.

En las secciones siguientes, cubrimos varios componentes para entender las soluciones de Datos Grandes. Los componentes clave a introducir son tipos de datos, principios, gestión del ciclo de vida, plataformas, especificaciones de calidad, gobernanza, seguridad, análisis de la privacidad, semántica, patrones, lagos de datos, charcos, pantanos, estanques y almacenes de datos. Las siguientes secciones proporcionan un resumen de estos componentes.

Plataforma de Datos Grandes

La primera capa de la plataforma de Datos Grandes es la zona de información operacional compartida que consiste en los tipos de datos tales como datos en movimiento, datos en reposo, y datos en varias otras formas. Incluye fuentes de datos heredadas, nuevas fuentes de datos, centros de datos maestros, centros de datos de referencia y repositorios de contenido.

La segunda gran capa es el procesamiento. Esta capa incluye la ingestión de datos, información operacional, área de aterrizaje, zona analítica, archivo, análisis en tiempo real, exploración, almacén integrado, zonas de mercado de datos. Esta capa necesita tener un modelo de gobernanza para el catálogo de metadatos que incluya la seguridad de los datos y la recuperación ante desastres de los sistemas, el almacenamiento y el alojamiento y otros componentes de la infraestructura, como la nube.

La tercera capa es la plataforma de análisis. Consiste en análisis en tiempo real, planificación, pronóstico, toma de decisiones, análisis predictivo, descubrimiento de datos, visualizaciones, cuadro de mando y otras características analíticas.

La cuarta capa consiste en productos tales como procesos de negocio, esquemas de toma de decisiones y puntos de interacción. Los Arquitectos Empresariales necesitan gobernar bien esta capa. Necesitamos proporcionar acceso con controles establecidos tanto para los profesionales de la plataforma de datos como para los científicos de datos, arquitectos de datos, expertos en análisis y usuarios de negocios. Necesitamos contratar a un arquitecto o especialista de seguridad para que analice los requisitos y tome las medidas adecuadas.

El nivel del esquema de la plataforma es una consideración arquitectónica crucial. Podemos clasificar el nivel de esquema en tres categorías, tales como sin esquema, esquema parcialmente estructurado y esquema completamente estructurado. El control del esquema es un asunto de la empresa; por lo tanto, los arquitectos de la empresa necesitan tomar el control de esta función.

Para entender el tipo de esquema, podemos usar ejemplos. Algunos ejemplos de no esquema son los archivos de vídeo, audio e imagen; los contenidos de medios sociales, los esquemas parciales como el correo electrónico, los registros de mensajería instantánea, los registros de sistema, los registros de centro de llamadas; y los esquemas altos pueden ser datos de sensores estructurados y datos de transacciones relacionales.

Los niveles de procesamiento de datos requieren consideraciones arquitectónicas. Los niveles de procesamiento podrían ser datos brutos, datos validados, datos transformados y datos calculados.

Otra clasificación estructural de los datos en esta plataforma está relacionada con la relevancia del negocio. Podemos categorizar la relevancia comercial de los datos como datos externos, datos personales, datos departamentales y datos empresariales.

Necesitamos definir el vocabulario de negocios como una comprensión compartida de los datos grandes relacionados con el análisis de negocios. El vocabulario de negocios proporciona términos consistentes para ser usados por toda la organización. Vocabulario propio de los departamentos de negocios. Los Arquitectos Empresariales se aseguran de que esto esté en su lugar y adecuadamente gobernado. Usualmente, los usuarios de negocios mantienen este vocabulario. Este vocabulario describe el contenido de negocio soportado por los modelos de datos. Más importante aún, desde una perspectiva arquitectónica, este vocabulario puede ser una entrada crucial para el catálogo de metadatos, por lo tanto, puede ser un asunto empresarial.

Gobierno de los Grandes Datos

El gobierno de datos es un factor crítico para las soluciones de Big Data. El sistema de gobierno de los grandes datos debe tener en cuenta factores esenciales como la seguridad, la privacidad, la confianza, la operatividad, la conformidad, la agilidad, la innovación y la transformación de los datos. También es vital que, a un nivel fundamental, se establezca y evolucione una infraestructura de gobernabilidad de datos para su adopción a nivel empresarial.

La gobernabilidad puede tomar en cuenta a los diferentes actores del ecosistema. Por ejemplo, los arquitectos de datos son responsables de desarrollar la gobernabilidad de los grandes modelos de datos; los científicos de datos son responsables de la perspectiva analítica. Los grupos de interés empresariales son responsables de la gobernabilidad de los modelos de negocio para producir resultados empresariales para el ecosistema de datos en cuestión.

El gobierno de los grandes datos es un área amplia y cubre componentes, alcance, manejo de requerimientos, estrategia, arquitectura, diseño, desarrollo, análisis, pruebas, procesamiento, componentes, relaciones, entrada, salida, objetivos de negocio, perspectivas y todos los demás aspectos de la gestión y análisis de datos. Los Arquitectos Empresariales son responsables de la gestión integral de la arquitectura de los Datos Grandes y de las soluciones asociadas.

Análisis de Grandes Datos

El análisis de grandes volúmenes de datos es una disciplina integral impulsada por la empresa. A un alto nivel, su objetivo es tomar decisiones comerciales rápidas, reducir el costo de un producto o servicio y probar nuevos mercados para crear nuevos productos y servicios. Utilizamos el análisis de grandes datos en todas las industrias. Las industrias más comúnmente utilizadas son la salud, las ciencias de la vida, la fabricación, el gobierno y la venta al por menor.

Necesitamos métodos y herramientas para realizar análisis de grandes datos. Hay métodos y muchas herramientas disponibles en el mercado. Dado que el análisis de grandes volúmenes de datos es una disciplina relativamente nueva, tanto los métodos como las herramientas siguen evolucionando. La mayoría de los métodos son patentados; sin embargo, algunos están disponibles a través de programas de código abierto. Algunas herramientas populares que se mencionan con frecuencia en las publicaciones de Análisis de Datos Grandes son Aqua Data Studio, Azure HDinsight, IBM SPSS Modeler, Skytree, Talend, Splice Machine, Plotly, Lumify, Elasticsearch.

El código abierto ha progresado bien en esta área y ha producido múltiples herramientas poderosas. Algunas de las herramientas de análisis de código abierto más utilizadas son Apache Hadoop, Apache Spark, Apache Storm, Apache Cassandra, Apache SAMOA, Neo4j, MongoDB y el entorno de programación R. En la sección de tecnología y herramientas de este capítulo se ofrece una visión general de estas herramientas.

El análisis de datos de gran tamaño es un área amplia y en crecimiento. Podemos entender mejor la analítica de grandes datos en cuanto a sus características inherentes. Estas características se pueden resumir utilizando nueve 'C-términos' para recordar fácilmente. Estos términos son conexión, conversión, cognición, configuración, contenido, personalización, nube, cibernética y comunidad. Como estos términos se explican por sí mismos, no entramos en detalles para explicarlos aquí. Muchas publicaciones sobre arquitectura de datos e información cubren estas características en detalle. Puede ser útil para los arquitectos empresariales entenderlos, especialmente para establecer estándares y mantener la gobernanza.

Los Arquitectos Empresariales también necesitan entender varios métodos y técnicas usadas para el Análisis de Grandes Datos. Los métodos y técnicas más comúnmente utilizados para el análisis de grandes datos son el procesamiento del lenguaje natural, las pruebas A/B (también conocidas como pruebas de hipótesis de dos muestras), el aprendizaje automático, la minería de datos, la minería de patrones de asociación, el análisis conductual, el análisis predictivo, el análisis descriptivo, el análisis prescriptivo y el análisis de diagnóstico. En las secciones siguientes se tratan algunas de estas técnicas.

Tipos de Análisis de Datos Grandes

Hay cuatro tipos significativos de análisis de los grandes datos. Son descriptivos, predictivos, prescriptivos y de diagnóstico. Cada tipo es diferente en cuanto a su alcance y su objetivo es responder a diferentes preguntas comerciales y proporcionar diferentes perspectivas. Vamos a explicar brevemente cada uno.

El análisis descriptivo cubre el aspecto histórico de los datos para entender lo que sucedió en el pasado. Su objetivo es interpretar los datos históricos y extraer conclusiones del análisis de datos para obtener información sobre el negocio. Algunos de los temas comunes de la analítica descriptiva son el crecimiento de las ventas, los nuevos clientes, el número de productos vendidos y muchas otras métricas financieras para informar a los ejecutivos de ventas y de negocios.

Considerando los datos actuales e históricos, el análisis predictivo cubre técnicas que predicen resultados futuros. Los análisis predictivos buscan patrones y capturan relaciones en los datos. Por ejemplo, podemos utilizar técnicas de regresión lineal en el aprendizaje automático y en la red neuronal para lograr las interdependencias de las variables en los datos capturados para el análisis predictivo. Podemos utilizarlo en muchas disciplinas y con diversos fines comerciales. La predicción de los objetivos de compra de los clientes mediante el análisis de su comportamiento de compra es un caso de uso diario de las soluciones de los grandes datos.

El análisis prescriptivo tiene como objetivo encontrar la mejor acción para una situación dada. Este tipo de análisis busca maneras de determinar el mejor resultado entre varias opciones. Los análisis prescriptivos pueden ser fundamentales para mitigar los riesgos, mejorar la precisión de las predicciones y aprovechar las oportunidades. Este tipo de análisis nos ayuda a analizar las interacciones y las decisiones potenciales y nos proporciona la mejor solución.

La analítica diagnóstica utiliza múltiples técnicas como el descubrimiento, la minería, las correlaciones, la comparación y el contraste. La analítica diagnóstica se pregunta por qué ha ocurrido algo al examinar los datos y propone una respuesta a esta pregunta fundamental. Puede ser útil para encontrar la causa raíz de las situaciones.

Lagos de Datos, Estanques, Charcos y Pantanos

Para las iniciativas de modernización empresarial, necesitamos entender las nuevas plataformas de datos que pueden potenciar los procesos y análisis de Grandes Datos. En esta sección tocamos algunos conceptos clave y las relaciones entre ellos.

Las soluciones de arquitectura de Grandes Datos requieren el uso del modelo de lago de datos. Los lagos de datos son aspectos fundamentales y útiles de la gestión del ciclo de vida de Grandes Datos. Podemos definir los lagos de datos en los términos más simples como las fuentes de datos dinámicamente limpias e instantáneamente utilizables que se ponen a disposición para propósitos específicos. La necesidad de un lago de datos viene de los usuarios para aprovechar los datos limpios basados en un enfoque de autoservicio sin necesidad de profesionales de datos técnicos. El uso de lagos de datos puede ser una propuesta de negocio crítica para los programas de modernización de las empresas.

Un lago de datos puede ser un único almacén de

datos empresariales transformados en formato nativo. Suelen estar bien informados, visualizados y analizados mediante análisis avanzados. Un lago de datos puede incluir datos estructurados, semiestructurados y no estructurados, como imágenes, vídeos o sonidos.

Los lagos de datos son almacenes dinámicos y pueden alimentarse de forma iterativa a medida que se descubren y transforman más datos limpios a partir de múltiples fuentes en la empresa. Por ejemplo, un lago de datos puede almacenar datos relacionales de aplicaciones empresariales y datos no relacionales de dispositivos de IO, medios sociales y aplicaciones móviles.

Existen múltiples casos de uso para lagos de datos. Los más comunes son cuando se requiere un análisis de datos en tiempo real para las fuentes de datos procedentes de varias fuentes. Otro caso de uso puede estar relacionado con los objetivos de tener una visión completa de los datos de los clientes procedentes de múltiples fuentes. Los requisitos de auditoría y la centralización de datos también pueden ser casos de uso para lagos de datos. Estos casos de uso son pertinentes y pueden ser significativos para los objetivos de modernización de las empresas.

El valor comercial de los lagos de datos proviene de ser capaz de realizar análisis avanzados muy rápidamente para los datos procedentes de diversas fuentes en tiempo real, como los flujos de clics, los medios sociales y los registros del sistema. El uso de lagos de datos ayuda a las partes interesadas del negocio a identificar rápidamente las oportunidades, tomar decisiones informadas y actuar sobre su decisión de manera expedita para acelerar la llegada al mercado.

Los lagos de datos pueden ser implementados usando varias herramientas, técnicas y servicios. Existen servicios disponibles comercialmente, así como servicios de código abierto para establecer lagos de datos. Por ejemplo, productos comerciales como Azure Data Lake, Amazon S3 y el producto de código abierto Apache Hadoop son algunos de los elementos que permiten tener en cuenta para nuestras soluciones. Hay muchas más herramientas y métodos para diseñar, implementar y ejecutar soluciones de Lagunas de Datos.

Sobre la base de la información obtenida de muchas implementaciones exitosas de lagos de datos, parece que una excelente opción de plataforma para lagos de datos es Hadoop. Hadoop, como sistema de código abierto, es altamente escalable, modular, agnóstico desde el punto de vista tecnológico, de código abierto, rentable y no presenta limitaciones de esquema. Los grandes arquitectos de soluciones de datos y almacenamiento adoptan Hadoop. Los Arquitectos Empresariales necesitan evaluar la idoneidad de Hadoop para sus iniciativas de modernización empresarial.

El diseño de lagos de datos requiere una consideración crítica de los tipos de datos. Por ejemplo, una consideración clave es que si el propósito de los datos es desconocido, es mejor mantenerlos en formato crudo para que puedan ser utilizados por los profesionales de datos en el futuro cuando sea necesario.

Uno de los retos críticos de los lagos de datos es la seguridad a medida que los datos llegan al lago en tiempo real desde múltiples fuentes incontroladas. Para hacer frente a este desafío, es necesario contar con una arquitectura de seguridad bien gobernada con controles de acceso y coherencia semántica para el lago de datos de la empresa. El diseño de lagos de datos es una actividad a nivel de especialistas que suele ser llevada a cabo por un arquitecto o especialista experimentado en almacenamiento. Los Arquitectos Empresariales necesitan establecer los estándares y mantener la gobernanza para el ciclo de vida de las iniciativas del lago de datos.

Además de los lagos de datos, también necesitamos entender los charcos y estanques de datos. El charco de datos es una plataforma de datos minúscula y específica que normalmente se utiliza para una misión específica de un solo equipo en una organización dirigida por un grupo de marketing o un científico de datos. También son un candidato adecuado para los compromisos de descarga ETL (Extract, Transform, Load) de datos intensivos para un solo equipo. A diferencia de los lagos de datos, no se trata de un procesamiento basado en datos que permita tomar decisiones informadas a nivel empresarial. En relación con los charcos de datos, otro término utilizado para un grupo de charcos de datos son los charcos de datos. Podemos diseñar estanques de datos para una pequeña cantidad de propósitos de gestión de datos. Una forma de explicar un estanque de datos es asemejarse a un almacén de datos diseñado para el procesamiento de grandes datos. Los Arquitectos Empresariales pueden proporcionar información para elegir el modelo correcto de despliegue de datos con la ayuda de los Arquitectos de Datos e Información.

Otro término importante relacionado con los lagos de datos que necesitamos entender es "pantano de datos". Este término se refiere a un lago de datos no gestionado que puede no ser accesible para los consumidores previstos o puede no proporcionar el valor comercial deseado. De las lecciones aprendidas en el campo, muchas implementaciones fallidas de lagos de datos, desafortunadamente, se convirtieron en pantanos de datos.

Los pantanos de datos son situaciones indeseables en una empresa. Por lo tanto, los Arquitectos Empresariales necesitan considerar este tipo de lecciones aprendidas con dificultad para la estrategia de gestión de datos de los planes de modernización de la empresa.

Consideraciones de Arquitectura de Datos Grandes

Los Arquitectos Empresariales crea soluciones personalizadas para toda la empresa entendiendo los casos de uso, los requisitos, el alcance y las expectativas de los clientes. Aprovechan las habilidades arquitectónicas, la tecnología relevante y las herramientas para crear estas soluciones personalizadas. Las soluciones a medida pueden ser productos o servicios en función de los objetivos y el alcance de los proyectos.

Las soluciones de Grandes Datos son distintas y requieren experiencia adicional. Además de considerar varios puntos arquitectónicos, estas soluciones también requieren un conocimiento del dominio de la arquitectura de datos e información. Al más alto nivel, los Arquitectos Empresariales necesitan identificar los enfoques óptimos para recopilar, almacenar, procesar, analizar y presentar los Grandes Datos. Sin embargo, las soluciones prácticas son diseñadas por Arquitectos Informaticos o de Grandes Datos.

Las soluciones de Grandes Datos requieren tecnología y herramientas heterogéneas que se adapten al propósito. Es esencial darse cuenta de que no existe una única tecnología o herramienta que pueda proporcionar un propósito universal para el desarrollo de soluciones Grandes Datos.

Además, debido a sus dependencias y relaciones con

muchos componentes, atributos y factores, las soluciones de Big Data no pueden desarrollarse de forma aislada o en silos. Los Arquitectos Empresariales necesitan considerar todo el ecosistema y romper los silos en el pensamiento y los factores arquitectónicos críticos que pueden afectar a toda la empresa.

Para las soluciones de Grandes Datos, debemos centrarnos en plataformas, procesos, tecnología y herramientas altamente escalables. Debido a su naturaleza, la escalabilidad es un requisito fundamental para las soluciones de Grandes Datos. Comprometer la escalabilidad, incluso en una pequeña cantidad, puede causar soluciones indeseables, proyectos problemáticos y niveles de servicio fallidos. La escalabilidad es un factor crítico para las iniciativas de modernización de las empresas.

La modularidad es otra consideración arquitectónica de las soluciones Grandes Datos para los objetivos de modernización de las empresas. Para la modularidad, necesitamos asegurarnos de que los módulos encajan en el panorama general. Por ejemplo, los mismos datos deberían poder ser utilizados por diferentes proyectos y tecnologías en lugar de crear silos de acceso a datos innecesarios.

Tomando en consideración los datos y los atributos de la base de datos, vamos a tocar algunos puntos técnicos aquí. No tenemos que ser especialistas en gestión de datos o administración de bases de datos; sin embargo, debemos ser conscientes de algunos puntos de la arquitectura. Por ejemplo, los Arquitectos Empresariales pueden encontrarse con los términos ACID y CAP como temas de gobernanza de datos que se discuten con frecuencia. Necesitan entender y guiar al equipo de Grandes Datos en sus implicaciones a nivel empresarial.

El cumplimiento con ACID (Atomicidad, Consistencia, Aislamiento, Durabilidad) es una guía esencial para garantizar la validez de las transacciones de la base de datos y la secuencia de operaciones cuando ocurren errores internos o fallas del sistema. Sin embargo, el cumplimiento con ACID puede afectar la escalabilidad.

CAP (Consistencia, Disponibilidad y Partición) es otro punto arquitectónico a considerar para los sistemas de bases de datos distribuidas. Esta proposición instruye que se debe hacer una compensación eligiendo uno de cada tres. La razón es que sólo dos de estos tres aspectos son posibles. Puede consultarlo en publicaciones de referencia de datos para comprender en detalle las implicaciones para las soluciones de modernización de su empresa.

La arquitectura de Grandes Datos requiere pensar fuera de la caja y formas innovadoras de hacer las cosas. Necesitamos entender las últimas tecnologías y prácticas para las soluciones de Grandes Datos. Por ejemplo, hay una tendencia en la industria a probar nuevos métodos de análisis de datos sin atarse a los recursos tradicionales de EDW y a los procesos ETL.

En términos de herramientas y tecnologías, podemos considerar la posibilidad de mezclar sistemas de código abierto y comerciales basados en su aplicabilidad y en el cumplimiento de nuestros requisitos. Por ejemplo, la OLTP puede diseñarse utilizando bases de datos relacionales disponibles comercialmente para bases de datos Casandra estructuradas y de código abierto que soporten bases de datos semiestructuradas.

Las fuentes de datos en la empresa siguen cambiando y hay nuevas fuentes disponibles. Además de las fuentes de datos heredadas, debemos considerar nuevas fuentes de datos en las soluciones de modernización de

Grandes Datos. Necesitamos determinar el tipo de fuentes de datos requeridas en nuestras soluciones.

Desde el punto de vista de la preparación de la solución y de la gestión de la calidad, es vital determinar los plazos de la ingestión de datos en la empresa. La ingestión de datos, como aspecto crítico de Grandes Datos en el contexto de la modernización, es el proceso de importación, transferencia, carga, procesamiento y almacenamiento de datos para su uso. Puede ser síncrono, por lotes asíncronos o por tiempo real. Necesitamos articular estas opciones con razones convincentes y obtener la validación de las opiniones y aprobaciones de los expertos en la materia y del órgano de gobierno de la solución.

Tenemos que elegir el tipo de procesamiento a realizar, ya sea en tiempo real o por lotes. Nuestro procesamiento de datos puede ser descriptivo, predictivo, prescriptivo, diagnóstico y ad-hoc. También debemos considerar la expectativa de latencia del procesamiento. Estos factores pueden desempeñar un papel importante en las iniciativas de modernización de las empresas.

Necesitamos determinar cómo acceder a los datos, por ejemplo, por orden aleatorio o secuencial. Además, tenemos que considerar los patrones de acceso a los datos. Los patrones de acceso a los datos son necesarios para optimizar los requisitos de acceso a los datos. Hay muchos patrones disponibles en la integración de aplicaciones de datos y en las publicaciones de interfaz. Por ejemplo, algunos patrones comunes son la aceleración de la inicialización de los recursos de la base de datos, la eliminación de los cuellos de botella en el acceso a los datos y la ocultación de la semántica oscura de la base de datos a los usuarios.

La optimización de bases de datos es una práctica arquitectónica esencial a nivel empresarial. El objetivo de estas técnicas es mejorar la calidad y la velocidad de las actividades de acceso, lectura y escritura de datos. Algunas de las consideraciones críticas son el uso de índices apropiados, la eliminación de índices innecesarios y la minimización de las transferencias de datos del cliente al servidor.

El Sharding es otra técnica a considerar. La fragmentación puede ser una técnica necesaria a considerar con precaución. Sharding es una especie de partición de base de datos. Divide grandes bases de datos en unidades más pequeñas. El principal caso de uso para la fragmentación es aislar las fallas o resolver los problemas de memoria de los grandes conjuntos de datos que se convierten en un cuello de botella. Como guía, necesitamos usar sharding como último recurso después de probar todos los demás métodos de optimización, ya que puede tener varios inconvenientes, como problemas de copia de seguridad, problemas de indexación e incluso dificultades para cambiar esquemas. Por lo general, los Arquitectos Empresariales no entran en detalles sobre el tema; sin embargo, necesitan entender el concepto y sus implicaciones para ayudar al equipo de arquitectura de Grandes Datos a tomar decisiones arquitectónicas acertadas, especialmente cuando se presenta una solución en las reuniones de la Autoridad de Diseño de la modernización o de la Junta de Revisión de la Arquitectura.

Hasta ahora, hemos proporcionado una visión de muy alto nivel de las consideraciones arquitectónicas a nivel empresarial. Esta es la única punta del iceberg en el desarrollo de soluciones de Grandes Datos. No entramos en los detalles de la arquitectura de Grandes Datos, ya que se trata de una experiencia a nivel de dominio y no de una preocupación a nivel de empresa. Una vez que comenzamos el proceso y profundizamos en los requisitos, podemos encontrarnos con muchas más consideraciones basadas en nuestra industria, los objetivos del proyecto y muchos otros factores que algunos de ellos pueden estar más allá de nuestros controles y pueden requerir experiencia en el campo.

Por lo tanto, es esencial seguir un método establecido, un equipo de soluciones colaborativas, procesos probados, tecnologías líderes y herramientas bien soportadas para producir soluciones exitosas de Grandes Datos. Los Arquitectos Empresariales pueden guiar al equipo con estas prácticas fundamentales.

El siguiente punto importante es el uso de herramientas de código abierto en la empresa. El uso de herramientas de código abierto puede ser muy beneficioso para los programas de modernización de las empresas. Hablemos brevemente de la herramienta para Grandes Datos comúnmente utilizada y recomendada en el espacio de código abierto.

Descripción General de las Herramientas de Código Abierto para Grandes Datos

El código abierto es increíblemente importante y está muy extendido para la tecnología de la información, por lo que es igualmente crucial para los grandes datos y los análisis en la empresa. Es un tipo de contrato de licencia que permite a los desarrolladores y usuarios usar libremente el software, modificarlo, desarrollar nuevas formas de mejorarlo e integrarlo a proyectos más grandes. Es un enfoque colaborativo e innovador adoptado por muchas organizaciones de TI y organizaciones de consumidores. No sólo es ideal para empresas de nueva creación y para aquellas con un presupuesto de TI reducido, sino también para empresas que luchan por disponer de arquitecturas más flexibles para la modernización que conduzcan a transformaciones digitales.

Existen muchas herramientas y tecnologías de código abierto para Grandes Datos y Análisis. En esta sección, ofrecemos una visión general de algunas herramientas de código abierto esenciales y de uso común para considerar en las soluciones de Grandes Datos. El conocimiento de estas herramientas es fundamental para los Arquitectos Empresariales. He aquí un resumen de las famosas herramientas de código abierto Grandes Datos y Análisis.

Apache Hadoop es una plataforma para el almacenamiento y procesamiento de datos. Hadoop es escalable, tolerante a fallos, flexible, rentable y de código abierto. Es ideal para la gestión de pools de almacenamiento masivo utilizando el enfoque por lotes en entornos de informática distribuida. Podemos utilizar Hadoop para soluciones complejas de Grandes Datos y Análisis a nivel empresarial.

Apache Cassandra es una base de datos de código abierto semiestructurada. Es linealmente escalable, de alta velocidad y tolerante a fallos. El principal caso de uso de Cassandra es un sistema transaccional que requiere una respuesta rápida y una escalabilidad masiva. Cassandra también se utiliza ampliamente para soluciones de grandes datos y análisis a nivel empresarial.

Apache Kafka es una plataforma de software de procesamiento de secuencias. Con Kafka, los usuarios pueden suscribirse a los registros de confirmación y publicar datos en cualquier número de sistemas o aplicaciones en tiempo real. Kafka ofrece una plataforma unificada, de alto rendimiento y baja latencia para el manejo de flujos de datos en tiempo real. Las plataformas Kafka fueron desarrolladas inicialmente por LinkedIn, utilizadas durante un tiempo, y donadas al código abierto.

Apache Flume ofrece una arquitectura simple y flexible. La arquitectura de Flume es un software confiable y distribuido para recolectar, agregar y mover eficientemente grandes cantidades de datos de registro en el ecosistema de Grandes Datos Podemos utilizar Flume para la transmisión de flujos de datos. El canal es tolerante a fallas con muchos sistemas de recuperación y conmutación por error. Flume utiliza un modelo de datos extensible que permite la aplicación analítica en línea.

Apache NiFi es una herramienta de automatización diseñada para automatizar el flujo de datos entre los componentes del software basado en un modelo de programación basado en flujos. Actualmente, Cloudera soporta sus requerimientos comerciales y de desarrollo. Dispone de un portal para los usuarios y utiliza el cifrado TLS para su seguridad.

Apache Samza es un sistema de procesamiento de flujo casi en tiempo real. Proporciona un marco asincrónico para el procesamiento de secuencias. Samza permite crear aplicaciones de estado que procesan datos en tiempo real a partir de múltiples fuentes. Es bien conocido por ofrecer tolerancia a fallos, procesamiento de estado y aislamiento.

Apache Sqoop es una aplicación de interfaz de línea de comandos utilizada para transferir datos entre Apache Hadoop y las bases de datos relacionales. Podemos utilizarlo para cargas incrementales de una sola tabla o consultas SQL de forma libre. Podemos usar Sqoop con

Hive y HBase para rellenar las tablas.

Apache Chukwa es un sistema de recopilación de datos. Chukwa monitorea grandes sistemas distribuidos y se basa en el marco de MapReduce en HDFS (Hadoop Distributed File System). Chukwa es un sistema escalable, flexible y robusto para la recolección de datos.

Apache Storm es un framework de procesamiento de streams. La tormenta se basa en picos y pernos para definir las fuentes de datos. Permite el procesamiento por lotes y distribuido de datos de streaming. El Storm también permite el procesamiento de datos en tiempo real.

Apache Spark es un framework que permite la computación en clúster para entornos distribuidos. Podemos usar Spark para necesidades generales de clustering. Proporciona tolerancia a fallos y paralelismo de datos. La base arquitectónica de Spark se basa en el resistente conjunto de datos distribuido. La API de Dataframe es una abstracción sobre el conjunto de datos distribuidos elásticos. Spark tiene diferentes ediciones, como Core, SQL, Streaming y GraphX.

Apache Hive es un software de almacenamiento de datos. Podemos construir Hive sobre la plataforma Hadoop. Hive proporciona consulta de datos y soporta el análisis de grandes conjuntos de datos almacenados en HDFS. Ofrece un lenguaje de consulta llamado HiveQL.

Apache HBase es una base de datos distribuida no relacional. HBase funciona sobre HDFS. HBase proporciona capacidades similares a Bigtable de Google para Hadoop. HBase es un sistema tolerante a fallos.

MongoDB es una base de datos de alto rendimiento, tolerante a fallos, escalable, multiplataforma y NoSQL. Se trata de datos no estructurados. Es desarrollado por MongoDB Inc. está licenciado bajo la SSPL (Server-Side

Public License), que es un tipo de producto de código abierto.

Existen muchas más herramientas de software de código abierto de desarrollo rápido que pueden utilizarse para diversas funciones de gestión del ciclo de vida de los datos en la empresa. Estas herramientas pueden ser muy útiles para programas de modernización empresarial centrados en soluciones de Grandes Datos y Análisis. Estas herramientas son de fácil acceso y están disponibles en base a acuerdos de licencia de código abierto.

Herramientas Comerciales de Datos Grandes y Analíticas

Podemos encontrar muchas herramientas y tecnologías disponibles comercialmente para Grandes Datos y Análisis adecuadas para desplegar en toda la empresa. Estas herramientas y tecnologías pueden venderse como productos o servicios. El conocimiento de estos productos y servicios puede ser beneficioso para los Arquitectos Empresariales.

Algunas de las plataformas más populares de Grandes Datos y Análisis con herramientas asociadas son Google BigQuery, Hortonworks Data Platform, HP Bigdata, IBM Big Data, Microsoft Azure, SAP Bigdata Analytics, Teradata Bigdata Analytics, Amazon Web Services.

Dado que la cobertura de estas plataformas y herramientas es amplia y exhaustiva, está fuera del alcance de este libro y se considera innecesario incluirlas aquí.

Resumen del Capítulo y Puntos Clave

Un hecho significativo es que Grandes Datos es omnipresente en las empresas. Cada empresa genera grandes cantidades de datos. Los datos grandes son diferentes de los datos tradicionales. Las principales diferencias provienen de características como el volumen, la velocidad, la variedad, la veracidad, el valor y la complejidad general de los conjuntos de datos en un ecosistema de datos.

La analítica descriptiva se ocupa de situaciones como lo que está sucediendo ahora mismo en base a los datos entrantes. El análisis predictivo se refiere a lo que podría suceder en el futuro. La analítica prescriptiva trata de las acciones a tomar. La analítica diagnóstica plantea la pregunta de por qué sucedió algo. Cada tipo de análisis sirve para diferentes escenarios y casos de uso.

Podemos clasificar el proceso en dos grandes categorías. La primera es la gestión de datos, y la segunda es la analítica de datos. Necesitamos entender las actividades de gestión de datos como la adquisición, extracción, limpieza, anotación, procesamiento, integración, agregación y representación de datos. Los componentes de análisis de datos de alto nivel son actividades como la modelización, el análisis, la interpretación y la visualización.

El gobierno de datos es un factor crítico para las soluciones de Big Data. El sistema de gobierno de Grandes Datos debe tener en cuenta factores esenciales como la seguridad, la privacidad, la confianza, la operatividad, la conformidad, la agilidad, la innovación y la transformación de los datos.

El gobierno de Grandes Datos es un área amplia y cubre componentes, alcance, manejo de requerimientos, estrategia, arquitectura, diseño, desarrollo, análisis, pruebas, procesamiento, componentes, relaciones, entrada, salida, objetivos de negocio, perspectivas y todos los demás aspectos de la gestión y análisis de datos. Los Arquitectos Empresariales son responsables de la gestión integral de la arquitectura de Grandes Datos y de las soluciones asociadas.

La mayoría de los métodos son patentados; sin embargo, algunos están disponibles a través de programas de código abierto. Algunas herramientas populares que se mencionan con frecuencia en las publicaciones de Análisis de Grandes Datos son Aqua Data Studio, Azure HDinsight, IBM SPSS Modeler, Skytree, Talend, Splice Machine, Plotly, Lumify, Elasticsearch.

Algunas de las herramientas de análisis de código abierto más utilizadas son Apache Hadoop, Apache Spark, Apache Storm, Apache Cassandra, Apache SAMOA, Neo4j, MongoDB y el entorno de programación R.

Los Arquitectos Empresariales también necesitan entender varios métodos y técnicas usadas para el Análisis de Grandes Datos. Los métodos y técnicas más utilizados para el análisis de grandes datos son el procesamiento del lenguaje natural, las pruebas de hipótesis de dos muestras, el aprendizaje automático, la minería de datos, la minería de patrones de asociación, el análisis conductual, el análisis predictivo, el análisis descriptivo, el análisis prescriptivo y el análisis de diagnóstico.

Las soluciones de arquitectura de Grandes Datos requieren el uso del modelo de lago de datos. Los lagos de datos son aspectos fundamentales y útiles de la gestión del ciclo de vida de Grandes Datos. Un lago de datos puede ser un único almacén de datos empresariales transformados en formato nativo.

El valor comercial de los lagos de datos proviene de ser capaz de realizar análisis avanzados muy rápidamente para los datos procedentes de diversas fuentes en tiempo real, como los flujos de clics, los medios sociales y los registros del sistema.

Las soluciones de Grandes Datos requieren tecnología y herramientas heterogéneas que se adapten al propósito. Es esencial darse cuenta de que no existe una única tecnología o herramienta que pueda proporcionar un propósito universal para el desarrollo de soluciones Grandes Datos.

La modularidad es otra consideración arquitectónica de las soluciones Grandes Datos para los objetivos de modernización de las empresas. Para la modularidad, necesitamos asegurarnos de que los módulos encajan en el panorama general. Por ejemplo, los mismos datos deberían poder ser utilizados por diferentes proyectos y tecnologías en lugar de crear silos de acceso a datos innecesarios.

El cumplimiento con ACID (Atomicidad, Consistencia, Aislamiento, Durabilidad) es una guía esencial para garantizar la validez de las transacciones de la base de datos y la secuencia de operaciones cuando ocurren errores internos o fallas del sistema.

CAP (Consistencia, Disponibilidad y Partición) es otro punto arquitectónico a considerar para los sistemas de bases de datos distribuidas. Esta proposición instruye que se debe hacer una compensación eligiendo uno de cada tres.

Tenemos que elegir el tipo de procesamiento a realizar, ya sea en tiempo real o por lotes. Nuestro procesamiento de datos puede ser descriptivo, predictivo, prescriptivo, diagnóstico y ad-hoc.

Los patrones de acceso a los datos son necesarios para optimizar los requisitos de acceso a los datos. Hay muchos patrones disponibles en la integración de aplicaciones de datos y en las publicaciones de interfaz. Por ejemplo, algunos patrones comunes son la aceleración de la inicialización de los recursos de la base de datos, la eliminación de los cuellos de botella en el acceso a los datos y la ocultación de la semántica oscura de la base de datos a los usuarios.

Existen muchas herramientas y tecnologías de código abierto para Grandes Datos y Análisis como Hadoop, Kafka, Flume, Sqoop y Cassandra. El conocimiento de estas herramientas es fundamental para Enterprise Architects.

Algunas de las plataformas más populares de Grandes Datos y Análisis con herramientas asociadas son Google BigQuery, Hortonworks Data Platform, HP Bigdata, IBM Big Data, Microsoft Azure, SAP Bigdata Analytics, Teradata Bigdata Analytics, Amazon Web Services.

Capítulo 12: IO Para la Modernización de la Empresa

Propuestas de Valor de la IO

La principal ventaja y propuesta de valor de la IO proviene de la recopilación de una enorme cantidad de datos procedentes de diversos medios y dispositivos de la empresa y de la creación de servicios basados en el análisis de estas enormes cantidades de datos. El desarrollo de nuevos servicios a partir de dicha recopilación de datos daría como resultado un resultado sustancial con múltiples implicaciones arquitectónicas y comerciales.

Las empresas adoptan la IO porque nos ayuda a predecir el futuro; por lo tanto, cuantos más datos proporcionen los sistemas de IO, mejores podrán ser los análisis y los resultados. Estos análisis ricos en datos nos ayudan a predecir mejor el futuro e intervenir antes de que ocurra cualquier daño potencial.

Como la IO sintetiza datos a través del análisis cognitivo, las soluciones de IO pueden ayudarnos a comprender mejor los datos estructurados, semiestructurados, no estructurados, dinámicos o estáticos mediante la integración con sistemas cognitivos. Al igual que los seres humanos, un sistema cognitivo se encarga de aprender, comprender, planificar, resolver problemas, decidir, analizar, sintetizar y evaluar.

Podemos utilizar soluciones de IO en muchas facetas de la empresa. Estas soluciones pueden ser utilizadas por departamentos, empresas y entidades externas a la empresa para predecir lo que necesitamos y queremos.

A efectos de modernización de las empresas, como

ecosistema electrónico ampliado, las soluciones de IO pueden ayudar a eliminar la tecnología engorrosa que afecta al rendimiento de las organizaciones.

La IO puede ofrecer varias aplicaciones a gran escala para empresas de diferentes sectores. Algunas aplicaciones típicas de las soluciones de IO son el control industrial, la robótica, la medicina, la seguridad en el lugar de trabajo, la detección incrustada en edificios, el control remoto, el control del tráfico y, más recientemente, la conducción autónoma de automóviles.

Implicaciones Arquitectónicas de los Datos Masivos de IO para la Modernización de la Empresa

Desde una perspectiva arquitectónica, debemos ser conscientes de que los dispositivos de IO generan cantidades masivas de datos de forma continua. Estos conjuntos de datos abarcan todo el ciclo de vida de la gestión de datos; por ejemplo, en el almacenamiento, análisis, reconstrucción y archivo. Debemos considerar cuidadosamente la cantidad de datos producidos por los dispositivos de IO. Los voluminosos datos de la empresa requieren medidas cuidadosas de rendimiento, escalabilidad y disponibilidad.

Al tratar la IO en los programas de modernización, los arquitectos empresariales deben asumir la responsabilidad de los requisitos de gestión de datos a nivel empresarial. Necesitamos simular los modelos reales de carga de trabajo basados en los requisitos funcionales y no funcionales. También debemos considerar los datos históricos y el crecimiento futuro como parte del análisis de los requisitos de rendimiento.

Debido a las posibles implicaciones para la empresa,

debemos planificar cuidadosamente la recogida de datos a través de los sensores de IO. Primero, necesitamos determinar el tipo de señales físicas a medir. Luego, necesitamos identificar el número de sensores a utilizar y la velocidad de las señales para estos sensores en nuestro plan de adquisición de datos. Los arquitectos empresariales necesitan trabajar estrechamente con los arquitectos de soluciones de IO para crear un gobierno riguroso en torno a los planes de recopilación de datos.

Además de los retos que plantean los datos masivos, los patrones de uso de las aplicaciones son también un factor esencial para el rendimiento de las soluciones de IO en las iniciativas de modernización de las empresas. En particular, los procesadores y la memoria de los servidores que albergan las aplicaciones de IO deben considerarse cuidadosamente utilizando parámetros de referencia.

Utilizando puntos de referencia para la aplicación, los datos y la infraestructura, necesitamos crear un modelo exclusivo de rendimiento de la IO y un conjunto de estrategias de prueba para las soluciones de modernización. El modelo de rendimiento de la IO exige más capacidad de almacenamiento de datos, procesos más rápidos, más memoria e infraestructura de red más rápida. Mientras que en los modelos de rendimiento tradicionales, consideramos principalmente las simulaciones de usuario, en los modelos de rendimiento de IO también consideramos la simulación de dispositivos, sensores y actuadores en toda la empresa.

Desde el punto de vista de la gestión de datos, es fundamental ser consciente de la frecuencia de los datos que comparten los dispositivos. Debemos tener en cuenta no sólo la cantidad de datos producidos y procesados, sino también el acceso y el intercambio frecuentes entre las múltiples entidades del ecosistema de la IO.

Debemos ser conscientes de que la supervisión de estos dispositivos también crea una enorme cantidad de datos. Si siempre añadimos las alertas y otras funciones de gestión del sistema para que estos dispositivos funcionen correctamente y estén disponibles, necesitamos disponer de un modelo de rendimiento completo, que incluya la gestión del sistema y de los servicios del complejo ecosistema de la IO. Las soluciones de IO para modernizaciones abarcan arquitecturas de datos, seguridad, aplicaciones e integración.

Nube de IO para la Modernización de las Empresas

Nosotros la importancia y las tendencias recientes para el Computación en la Nube en capítulos anteriores. Tengamos en cuenta que la Nube marcó un cambio de paradigma en el campo de las Tecnologías de la Información y la Computación. La nube de IO es un actor fundamental en el ecosistema para permitir las capacidades de modernización de las empresas. El papel central que desempeña la nube en la IO es facilitar la integración de datos de los componentes de la solución para los objetivos de modernización.

Las soluciones de IO se utilizan principalmente para proporcionar información en tiempo real a los consumidores. Los datos requeridos para generar datos en tiempo real pueden ser masivos en escala. La Nube, junto con los componentes de potencia de computación, almacenamiento, análisis, medición y facturación, puede hacer que esta información esté disponible para los consumidores de forma efectiva.

Una de las propuestas de valor empresarial de la IO

para la modernización de las empresas es la integración de la nube en la IO, que puede crear nuevas fuentes de ingresos para la organización. La integración de la nube con la IO puede crear nuevos modelos de negocio enriquecidos por el análisis en tiempo real y la información consumida directamente al mismo tiempo. En otras palabras, sin la nube, la IO apenas puede añadir valor debido a su naturaleza rica en datos e información en tiempo real.

La adición de la nube a la IO también puede contribuir a mejorar la seguridad, la disponibilidad y el rendimiento de las soluciones de IO en la empresa modernizadora. Si utilizamos una oferta pública de la nube, tengamos en cuenta que los proveedores de la nube tienen rigurosas métricas de seguridad, disponibilidad y rendimiento establecidas sobre la base de un modelo de consumo de servicios. En particular, los sistemas de nube habilitados para la IO parecen plantear medidas de seguridad adicionales.

Otra consideración arquitectónica es el uso de la computación Edge. Cuando se integra con la computación Edge, la computación en la nube puede añadir un mayor valor al ecosistema de la IO. La razón principal de esto es que la computación Edge puede hacer el filtrado para que la Nube se enfoque en los datos utilizables.

Los arquitectos empresariales necesitan entender la arquitectura del Computación en la Nube y cómo integrarla en las soluciones de IO a nivel empresarial. Conocer las capacidades de las tecnologías de la nube puede ser beneficioso a la hora de crear soluciones de IO comerciales a gran escala para las iniciativas de modernización de las empresas.

Implicaciones de la Computación del Análisis de la IO

Las soluciones de IO necesitan ordenadores para realizar actividades de análisis e inteligencia. Estas tareas se alojan en plataformas de la nube, como las aplicaciones de análisis en las que el rendimiento de los cálculos es esencial. También debemos considerar las implicaciones de los datos masivos para el rendimiento de la plataforma de almacenamiento. Para el almacenamiento analítico, necesitamos tomar una decisión arquitectónica sobre si el almacenamiento local o el almacenamiento basado en la nube puede satisfacer nuestros requisitos. Esta decisión arquitectónica es necesaria para abordar los problemas de coste y rendimiento a nivel de la empresa.

Podemos considerar la posibilidad de utilizar el análisis de la IO como un servicio basado en el consumo para obtener una buena relación coste-eficacia. Por ejemplo, AWS IoT Analytics es un servicio de análisis de IoT totalmente gestionado que recoge, preprocesa, enriquece, almacena y analiza los datos de los dispositivos de IoT. Los clientes de AWS también pueden traer sus análisis personalizados empaquetados en un contenedor para ejecutar el análisis de AWS IoT. Esta oferta de Nube Pública puede ser beneficiosa para hacer frente al coste de las soluciones para la modernización de las empresas.

Los arquitectos empresariales también deben centrarse en la representación de los datos disponibles para los consumidores empresariales en formatos visualmente convincentes. Por ejemplo, los consumidores empresariales pueden utilizar el análisis para dar sentido a los datos, como los indicadores clave de rendimiento en la aplicación de visualización en los cuadros de mando. Estos cuadros de mando pueden incluir vistas de gestión de riesgos, errores, cuellos de botella y ver la Internet de los objetos en tiempo real.

Consideración de Lagos de Datos para la IO Empresarial

Cubrimos los lagos de datos en capítulos anteriores. Seamos conscientes de que la IO introduce nuevas formas de recopilar datos de diversas fuentes de datos en tiempo real procedentes de los sensores de dispositivos conectados, como productos inteligentes, vehículos y muchos otros dispositivos en toda la empresa. La utilización de un lago de datos para los datos enriquecidos generados por la IO facilita el almacenamiento y la realización de análisis de los datos de la IO. La velocidad del uso de datos limpios (agregados en un solo lugar) para el análisis puede ayudar a descubrir formas de reducir los costes operativos y aumentar la calidad de los datos. Con este fin, necesitamos agregar los conjuntos de datos de la IO en un único lugar centralizado, como los lagos de datos.

IO Retos Arquitectónicos para la Empresa

Existen varios retos relacionados con las soluciones de IO en la empresa. Los desafíos son múltiples ángulos, tales como arquitectónicos, técnicos y no técnicos. Los retos arquitectónicos más comunes para la IO son la movilidad, la escalabilidad, la capacidad, la extensibilidad, la interoperabilidad, los cuellos de botella de la red y la conectividad.

La movilidad es un aspecto no funcional común de la arquitectura de IO que afecta a las soluciones en toda la empresa. Los dispositivos de IO tienen que moverse mucho y cambiar su dirección IP y sus redes con frecuencia en función de su ubicación. Por ejemplo, los protocolos de enrutamiento, como el RPL, deben reconstruir el DODAG (Destination Oriented, Directed Acyclic Graph = Orientado al Destino, Gráfico Acíclico Dirigido) cada vez que un nodo se apaga de la red o se une a la red, lo que añade una sobrecarga sustancial. Estos detalles técnicos granulares, que se refieren a la movilidad, pueden tener un grave impacto en el rendimiento, la disponibilidad, la seguridad y el coste de la solución en la empresa.

Las soluciones de IO requieren planes globales de escalabilidad y capacidad. Las aplicaciones de IO se integran y sirven a múltiples dispositivos del ecosistema. La gestión de la distribución de los dispositivos a través de las redes y el entorno de aplicaciones empresariales puede ser complicada. Es posible que necesitemos un aumento o una disminución dinámica de la capacidad, junto con la escalabilidad vertical y horizontal y la extensibilidad de las soluciones en la empresa. Las aplicaciones de IO deben ser tolerantes con los nuevos servicios y dispositivos que se incorporan a la red a gran velocidad. Para hacer frente a este desafío se requiere una escalabilidad dinámica y una enorme capacidad de ampliación.

La interoperabilidad significa que los dispositivos, componentes de soluciones, elementos y protocolos heterogéneos deben ser capaces de trabajar en armonía entre sí. El mantenimiento de la interoperabilidad en un ecosistema de IO es otro reto debido a la gran cantidad de plataformas, componentes de soluciones, dispositivos y protocolos utilizados en los ecosistemas de IO.

Los cuellos de botella de la red afectan negativamente a la disponibilidad, el rendimiento y el coste de los productos o servicios en las producciones, lo que dificulta el cumplimiento de los acuerdos de nivel de servicio. Además de la latencia relacionada con la distancia, otros factores están causando los cuellos de botella de la red. Algunas causas comunes de los cuellos de botella de la red son el mal funcionamiento de los dispositivos, el número excesivo de dispositivos conectados a las redes, el ancho de banda limitado y el exceso de capacidad para la utilización de los servidores.

También hay que tener en cuenta varias consideraciones cuando se trata de la conectividad a Internet; por ejemplo, el tipo de servicios de Internet, los proveedores de servicios de Internet, el coste de uso y la velocidad de comunicación. Recordemos de la sección de movilidad que los dispositivos móviles, como los vehículos en movimiento, requieren conexiones únicas a Internet, como los proveedores de servicios múltiples basados en su ubicación actual. Por ejemplo, un dispositivo que se desplaza por Europa puede requerir la conectividad a Internet de un proveedor de servicios de Internet francés cuando se encuentra en Francia y de un proveedor de servicios de Internet alemán cuando se encuentra en Alemania.

Cuestiones de Seguridad y Privacidad de la IO

Las principales preocupaciones de la IO giran en torno a la seguridad y la privacidad de la empresa. Las tecnologías de IO están cambiando, expandiéndose y transformándose rápidamente en diferentes funciones y formas; por lo tanto, las tecnologías de IO pueden tener un enorme impacto en la seguridad. Es posible que las soluciones de seguridad anteriores no se ajusten a las soluciones más recientes para la empresa. Necesitamos nuevos enfoques de seguridad para abordar los nuevos riesgos, problemas y dependencias. Una adición reciente a la seguridad de la IO es la integración de la cadena de bloqueo para crear conexiones seguras y fiables. Blockchain permite a los dispositivos inteligentes de IO controlar, supervisar y automatizar utilizando un enfoque seguro y fiable. La consideración de la cadena de bloques para las iniciativas de modernización de las empresas puede ser beneficiosa para abordar los problemas de seguridad y privacidad.

La privacidad está relacionada con la seguridad. Es bien sabido que los riesgos de seguridad pueden causar problemas de privacidad. Los problemas de privacidad de la IO son complejos y complicados debido a su naturaleza; es decir, varían de un país a otro y no siempre son evidentes u obvios. Por lo tanto, para empezar, los Arquitectos Empresariales necesitan prestar especial atención a los requisitos de privacidad a nivel empresarial. Entonces, la aplicación de rigores arquitectónicos, tales como añadir preocupaciones de privacidad a la evaluación arquitectónica y aplicar procesos estrictos de gestión de riesgos y mitigación, puede ser muy útil.

Resumen del Capítulo y Puntos Clave

La principal ventaja y propuesta de valor de la IO proviene de la recopilación de una enorme cantidad de datos procedentes de diversos medios y dispositivos de la empresa y de la creación de servicios basados en el análisis de estas enormes cantidades de datos.

Como la IO sintetiza datos a través del análisis cognitivo, las soluciones de IO pueden ayudarnos a comprender mejor los datos estructurados, semiestructurados, no estructurados, dinámicos o estáticos mediante la integración con sistemas cognitivos.

Desde una perspectiva arquitectónica, debemos ser

conscientes de que los dispositivos de IO generan cantidades masivas de datos de forma continua. Estos conjuntos de datos abarcan todo el ciclo de vida de la gestión de datos; por ejemplo, en el almacenamiento, análisis, reconstrucción y archivo.

Debido a las posibles implicaciones para la empresa, debemos planificar cuidadosamente la recogida de datos a través de los sensores de IO. Primero, necesitamos determinar el tipo de señales físicas a medir. Luego, necesitamos identificar el número de sensores a utilizar y la velocidad de las señales para estos sensores en nuestro plan de adquisición de datos.

Utilizando puntos de referencia para la aplicación, los datos y la infraestructura, necesitamos crear un modelo exclusivo de rendimiento de la IO y un conjunto de estrategias de prueba para las soluciones de modernización.

Debemos ser conscientes de que la supervisión de estos dispositivos también crea una enorme cantidad de datos. Si siempre añadimos las alertas y otras funciones de gestión del sistema para que estos dispositivos funcionen correctamente y estén disponibles, necesitamos tener un modelo de rendimiento completo.

Una de las propuestas de valor empresarial de la IO para la modernización de las empresas es la integración de la nube en la IO, que puede crear nuevas fuentes de ingresos para la organización.

Otra consideración arquitectónica es el uso de la computación Edge. Cuando se integra con la computación Edge, la computación en la nube puede añadir más valor al ecosistema de la IO. La razón principal de esto es que la computación Edge puede hacer el filtrado para que la Nube se enfoque en los datos utilizables.

Los Arquitectos Empresariales también necesitan centrarse en la representación de los datos disponibles para los consumidores empresariales en formatos visualmente convincentes.

Las soluciones de IO requieren planes globales de escalabilidad y capacidad. Las aplicaciones de IO se integran y sirven a múltiples dispositivos del ecosistema.

El mantenimiento de la interoperabilidad en un ecosistema de IO es otro reto debido a la gran cantidad de plataformas, componentes de soluciones, dispositivos y protocolos utilizados en los ecosistemas de IO.

Los cuellos de botella de la red afectan negativamente a la disponibilidad, el rendimiento y el coste de los productos o servicios en las producciones, lo que dificulta el cumplimiento de los acuerdos de nivel de servicio.

También hay que tener en cuenta varias consideraciones cuando se trata de la conectividad a Internet; por ejemplo, el tipo de servicios de Internet, los proveedores de servicios de Internet, el coste de uso y la velocidad de comunicación.

Las principales preocupaciones de la IO giran en torno a la seguridad y la privacidad de la empresa.

La privacidad está relacionada con la seguridad. Es bien sabido que los riesgos de seguridad pueden causar problemas de privacidad. Los problemas de privacidad de la IO son complejos y complicados debido a su naturaleza.

Capítulo 13: Movilidad de las Empresas

Definición de Movilidad Empresarial

La movilidad de las empresas es un aspecto crítico de la modernización. La movilidad implica a las personas, los procesos, la tecnología y las herramientas a gran escala. La movilidad es esencial para las personas en la empresa. La demanda de movilidad está aumentando rápidamente. El proceso de movilidad también se enfrenta al reto de satisfacer las demandas de los consumidores. La tecnología y las herramientas están proliferando. Dispositivos móviles, teléfonos móviles, ordenadores móviles, tabletas, redes inalámbricas son algunos de ellos.

Gestión de Dispositivos de Movilidad

La gestión del ciclo de vida de los dispositivos móviles es una consideración arquitectónica esencial en las iniciativas de modernización de las empresas. La gestión de los dispositivos móviles puede ser desalentadora desde muchos ángulos. El ciclo de vida de los dispositivos móviles puede ser mucho más corto que el de los dispositivos informáticos y de telecomunicaciones tradicionales.

Otro reto arquitectónico relacionado con los dispositivos móviles es el de la cantidad. En el pasado sólo había teléfonos de oficina y la gente solía compartirlos. Hoy en día, los trabajadores tienen múltiples teléfonos móviles. Tener varios dispositivos móviles por persona puede equivaler a miles de dispositivos móviles a considerar a nivel empresarial.

Además de la cantidad, el usuario en la empresa

puede cambiar los dispositivos móviles con frecuencia. Estos cambios frecuentes requieren la consideración de aplicaciones y actualizaciones de software para estos dispositivos.

Las estrategias de modernización de las empresas deben tener en cuenta los retos asociados a estos dispositivos móviles. Los arquitectos empresariales necesitan crear un gobierno dinámico y flexible para abordar las preocupaciones relacionadas con el uso y la gestión del ciclo de vida de estos dispositivos.

Implicaciones de Seguridad Empresarial para la Movilidad

Las implicaciones de seguridad de los dispositivos móviles son enormes desafíos. Crean muchas vulnerabilidades de seguridad para las empresas. Las actualizaciones de software pueden ser persistentes y muy frecuentes. Las actualizaciones y parches frecuentes pueden crear una carga de trabajo masiva para los departamentos de soporte de TI.

El uso de estos dispositivos móviles aumenta drásticamente el consumo de información en la empresa. El control de seguridad de los datos también puede ser desalentador. Estas implicaciones de seguridad atraviesan los dominios de datos y aplicaciones; por lo tanto, se requiere un esfuerzo de colaboración entre los arquitectos de seguridad, datos y aplicaciones. Los Arquitectos Empresariales deben coordinar esta colaboración a través de otros dominios arquitectónicos en la empresa.

Estos retos críticos creados por los dispositivos móviles son reales y evidentes en la empresa. Por lo tanto, la iniciativa de modernización de las empresas debe tener en cuenta estos retos y encontrar formas prácticas e innovadoras de abordarlos.

Inteligencia de Negocio Móvil

La inteligencia de negocio móvil, también conocida como Mobile BI, es un requisito esencial para que las empresas mantengan su competitividad, abran nuevos mercados y creen nuevas fuentes de ingresos. Mobile BI incluye información en tiempo real e histórica para analizar dispositivos móviles como teléfonos y tabletas. El objetivo principal de Mobile BI es proporcionar conocimientos, basados en información pasada y actual, para la toma de decisiones empresariales.

Mobile BI es necesario para el soporte global de los dispositivos móviles en el ecosistema empresarial. Esta inteligencia, que proporciona una perspectiva amplia de los datos empresariales, las cifras de ventas, las cifras de consumo y las estadísticas de rendimiento, puede ser valiosa para la modernización de las empresas. Mediante el uso de la analítica sobre el progreso móvil en una empresa puede ser muy útil para desarrollar un nuevo modelo de negocio y mejorar los modelos actuales.

Los proveedores de productos y servicios utilizan ampliamente Mobile BI. Algunos entornos de Mobile BI establecidos y populares son servicios de acceso público como Appstore de Apple, Google Play Store y Samsung Galaxy Store. Los programas de modernización empresarial pueden modelar estos servicios que funcionan bien para crear y mejorar su actual estrategia de Mobile BI, modelos de servicio y ofertas.

Gestión unificada de Endpoint (punto final)

Una práctica unificada de gestión de puntos finales es esencial para las iniciativas de modernización de las empresas. Esto incluye herramientas de software relevantes e interfaces de gestión centralizadas para los consumidores. Esta centralización es necesaria para mejorar las capacidades de seguridad y también para permitir que los consumidores y otras partes interesadas compartan contenidos en colaboración. Necesitamos integrar la gestión unificada de puntos finales en la estructura de nuestro programa de modernización de la empresa.

Importancia de la Movilidad para la Modernización de las Empresas

La movilidad es una parte inevitable de nuestras vidas en el hogar y en el lugar de trabajo. Afortunadamente, o desafortunadamente, creó un puente entre los hogares y los lugares de trabajo. De alguna manera, los empleadores pueden acceder fácilmente a sus empleados; sin embargo, la privacidad de los empleados se ve afectada por esta fácil accesibilidad.

La realidad es que ya no podemos hacer negocios sin el uso de dispositivos móviles. La movilidad es una parte esencial de la empresa. Toca todos los aspectos de la empresa. No podemos tener un lugar de trabajo digital sin una arquitectura de movilidad adecuada. No podemos tener una empresa moderna sin incluir la movilidad en la ecuación. Por estas razones imperiosas, debemos abordar la movilidad desde una perspectiva estratégica y arquitectónica para integrarla adecuadamente en la cultura y el ecosistema de la empresa en vías de modernización.

Resumen del Capítulo y Puntos Clave

La movilidad de las empresas es un aspecto crítico de la modernización. La movilidad implica a las personas, los procesos, la tecnología y las herramientas a gran escala.

La gestión del ciclo de vida de los dispositivos móviles es una consideración arquitectónica esencial en las iniciativas de modernización de las empresas. La gestión de los dispositivos móviles puede ser desalentadora desde muchos ángulos.

Además de la cantidad, el usuario en la empresa puede cambiar los dispositivos móviles con frecuencia. Estos cambios frecuentes requieren la consideración de aplicaciones y actualizaciones de software para estos dispositivos.

Las implicaciones de seguridad de los dispositivos móviles son enormes desafíos. Crean muchas vulnerabilidades de seguridad para las empresas. Las actualizaciones de software pueden ser persistentes y muy frecuentes.

La inteligencia de negocio móvil, también conocida como Mobile BI, es un requisito esencial para que las empresas mantengan su competitividad, abran nuevos mercados y creen nuevas fuentes de ingresos.

Algunos entornos de Mobile BI establecidos y populares son servicios de acceso público como Appstore de Apple, Google Play Store y Samsung Galaxy Store.

Los programas de modernización empresarial pueden modelar estos servicios que funcionan bien para crear y mejorar su actual estrategia de Mobile BI, modelos de servicio y ofertas.

Capítulo 14: Conclusiones

Cubriendo aspectos significativos de la modernización de la empresa desde el punto de vista arquitectónico en los 11 capítulos anteriores, llegamos al capítulo final. En este capítulo final, ofrecemos una revisión de los puntos críticos. Mi objetivo para este capítulo es destacar los puntos importantes para que pueda reforzar su aprendizaje de los capítulos anteriores.

Empezamos a discutir la arquitectura empresarial a un alto nivel. La disciplina de Arquitectura Empresarial en Tecnología de la Información define una arquitectura de TI a nivel macro a nivel empresarial centrándose en el mapeo de las capacidades de TI a las necesidades del negocio utilizando un método de gobierno estructurado.

El enfoque de EA es amplio y cubre la definición y descripción de las relaciones, flujos lógicos, implementación de procesos de negocio, actividades, funciones, datos, información, aplicaciones, tecnología subyacente y herramientas de soporte en la empresa.

EA tiene cinco fases distintas. Las fases en orden de madurez son iniciales, de línea de base, de objetivo, integradas y optimizadas. Las iniciativas de modernización de las empresas deben tener en cuenta estas fases y abordarlas tanto individualmente como de forma integrada.

Los modelos más comunes son el Modelo de Referencia de Negocio, el Modelo de Referencia de Componentes, el Modelo de Referencia Técnica, el Modelo de Referencia de Datos y el Modelo de Referencia de Rendimiento.

La modernización de las empresas requiere un enfoque de simplificación sustancial. La técnica de simplificación más común para la arquitectura empresarial es el enfoque de partición. Otra forma de simplificar un sistema es reducir la cantidad. Después de dividir y simplificar, el tercer método crítico es la iteración.

Todo en la transformación de la empresa genera costos sustanciales. Hay costos conocidos y ocultos. Es relativamente más cómodo tratar con los costos conocidos; sin embargo, el desafío es tratar con los costos ocultos.

Los Arquitectos Empresariales deben prestar atención a los SLAs desde las primeras etapas del ciclo de vida de la solución de modernización. Cuanto mayor sea la calidad de las soluciones, más fácil será para los SLAs cumplir con ellas cuando las soluciones estén en producción y en estado operativo.

La modernización de las empresas es un largo camino que lleva a la empresa del caos a la coherencia. Se puede aplicar un enfoque de arriba hacia abajo y de abajo hacia arriba. En el negocio de nivel superior, los procesos de TI y en la infraestructura de TI de nivel inferior.

Utilizando la estrategia y considerando las dependencias los Arquitectos Empresariales desarrollan una hoja de ruta de alto nivel para informar a los ejecutivos patrocinadores. A continuación, inician la fase de requisitos. Una vez que los requisitos se han recopilado y analizado en una cantidad razonable, la siguiente actividad importante es priorizar los requisitos en función del impacto en el negocio.

Los Arquitectos Empresariales necesitan desarrollar criterios para priorizar los requisitos basados en los factores descritos en los documentos de estrategia y hoja de ruta, así como en los profesionales financieros y empresariales establecidos por los ejecutivos patrocinadores.

La aplicación de un enfoque riguroso de arquitectura

empresarial es un aspecto crítico de las iniciativas de modernización. Además de presidir la Junta de Revisión de Arquitectura, los Arquitectos Empresariales también desempeñan el papel de una Autoridad de Diseño a nivel empresarial. Los Arquitectos Empresariales deben tener habilidades de pensamiento estratégico, arquitectónico y de diseño.

Los Arquitectos Empresariales deben entender el alcance general de la modernización de la empresa, los requisitos de modernización y los casos de uso de las soluciones de modernización.

Los Arquitectos Empresariales deben evaluar regularmente los riesgos, problemas, dependencias y limitaciones teniendo en cuenta las fortalezas, debilidades, oportunidades y amenazas para apoyar las iniciativas de modernización de las empresas. Para ello, mantienen un producto de trabajo dinámico de Evaluación de Viabilidad a nivel empresarial.

Un modelo de gobernanza dinámico y flexible es esencial para las iniciativas de modernización. Los modelos tradicionales de gobernanza opresiva basados en normas estrictas y extremas pueden ser obstáculos para el progreso.

Los arquitectos empresariales que lleven a cabo programas de modernización deben tener una eminencia técnica y una experiencia tecnológica distinta que cubra un amplio espectro de tecnologías, aplicaciones, procesamiento de datos y procesos empresariales en todos los ámbitos de la TI.

Los arquitectos empresariales necesitan comunicar la visión, estrategia, planes, objetivos y beneficios de los esfuerzos de arquitectura empresarial en todas las organizaciones y líneas de negocio de TI.

Los Arquitectos Empresariales deben articular las

situaciones más complejas y los asuntos técnicos con todas las partes interesadas en un lenguaje que estas personas puedan entender mediante la personalización de los mensajes en función del perfil del público.

Los arquitectos empresariales en las iniciativas de modernización deben ser innovadores y catalizadores de la innovación. Necesitan ser creativos y pensadores originales. Necesitan proporcionar tutoría arquitectónica y técnica a todas las partes interesadas en la empresa.

Los Arquitectos Empresariales deben ser catalizadores para el cambio continuo. Con sus contribuciones catalizadoras, necesitan refrescar la cultura para lograr paisajes más ágiles, colaborativos, inventivos e innovadores en la empresa.

Como líderes y profesores activos, los Arquitectos Empresariales deben crear oportunidades de aprendizaje innovadoras para ellos mismos y para los miembros de sus equipos. Los arquitectos empresariales necesitan desempeñar funciones de gestión del talento y de facilitación. Necesitan ser muy cautelosos para nutrir y retener talentos valiosos en sus equipos.

La creación de equipos de alto rendimiento es fundamental para el éxito de la modernización de las empresas. Los arquitectos empresariales deben crear equipos de colaboración, que funcionen bien y tengan un alto rendimiento para llevar a cabo iniciativas de transformación digital exitosas.

Los Arquitectos Empresariales necesitan articular situaciones con retroalimentación constructiva, muchos ejemplos clarificadores, metáforas y símiles. Este influyente enfoque de articulación puede ayudar a las personas a ver sus puntos ciegos, comprender sus debilidades y convertirlas en fortalezas.

En los programas de modernización, los arquitectos necesitan utilizar indicadores clave de rendimiento. Deben utilizar los tableros de control del equipo para ver las tendencias y calificar y cuantificar el progreso en formatos visuales para los miembros del equipo y las partes interesadas del negocio.

El liderazgo de pensamiento es una necesidad y una demanda crítica en los entornos de modernización, para cambiar las culturas y transformar los ecosistemas. La innovación empieza por pensar de forma diferente. El pensamiento innovador requiere múltiples modos de pensar.

Los arquitectos empresariales deben prestar especial atención a proporcionar resultados tangibles con el apoyo de los miembros de su equipo. El entorno de modernización presenta un cambio constante y rápido y cualquier cambio es importante en el ecosistema en transformación.

Algunas técnicas comúnmente utilizadas para el pensamiento horizontal son las aleatorizaciones, las distorsiones, las inversiones, las exageraciones, las metáforas, las analogías, los sueños, la minería temática, el cuestionamiento de las normas y la creación de contradicciones.

Como catalizadores de la innovación para la modernización, los Arquitectos Empresariales necesitan apoyar la cultura de la innovación y regar el jardín de la innovación regularmente para sobrevivir y prosperar.

Para encender la innovación, los Arquitectos Empresariales deben considerar las condiciones del mercado, las necesidades de los clientes, y mapear las capacidades de la organización y luego definir las áreas de enfoque de la agenda de innovación para permitir la transformación digital.

Como profesionales centrados en el cliente, los Arquitectos Empresariales debe llevar a un cambio de mentalidad en equipos pequeños y grandes. Deben tener una actitud positiva de'puede hacer' para cualquier desafío que tengan.

Los Arquitectos Empresariales debe reconocer a aquellas personas que intentan sabotear la innovación en los programas de modernización. A pesar de que estas personas con una mentalidad negativa pueden ser minoritarias, todavía pueden tener un tremendo impacto adverso en la innovación en las organizaciones.

La simplicidad es un pilar crucial en nuestro marco de modernización empresarial. La simplicidad puede potenciar la modernización de las empresas. La simplicidad es un factor sustancial que afecta a las transformaciones digitales y a los programas de modernización.

Los Arquitectos Empresariales necesitan articular los asuntos más complicados y complejos en un formato simple que sea comprensible para los demás. Sin embargo, la simplicidad requiere un conocimiento profundo y un pensamiento flexible.

La mejor manera de proporcionar simplicidad al consumidor es pensar como los consumidores. Los Arquitectos Empresariales deben seguir centrándose en los principios básicos de la simplificación de productos y servicios para obtener la mejor experiencia posible del usuario y unos méritos de consumo satisfactorios.

La simplicidad del diseño tiene un enorme impacto en las fases posteriores del ciclo de vida de la modernización, como la prestación de servicios y el soporte. Cuanto más simple sea el diseño, más efectiva será la entrega y mejor será la asistencia técnica.

El diseño de sistemas complejos también requiere simplificaciones a través de diseños modulares y orientados al servicio. La modularidad y los enfoques modulares de las soluciones complejas son esenciales para la simplificación, la modernización y la transformación digital. Las historias de usuarios son plantillas simples, incluyendo las funcionalidades, capacidades y especificaciones desde el punto de vista de los usuarios o consumidores.

Abstenerse de las frases enrevesadas y, en cambio, utilizar un lenguaje preciso y declaraciones explícitas son factores esenciales para simplificar la comunicación. Mientras que los Arquitectos Empresariales pueden usar términos comerciales avanzados para que los altos ejecutivos articulen un punto, necesitan usar términos técnicos profundos para hablar con ingenieros o especialistas técnicos.

La simplicidad en la comunicación escrita es esencial. La gente no tiene mucho tiempo y cerebro para entender los detalles intrincados de un documento técnico. Los autores de las iniciativas de modernización de las empresas deben ser agudos y directos, con declaraciones claras. Las frases cortas son siempre preferibles para mejorar la legibilidad.

Los procesos y procedimientos de gobernanza complejos y complicados pueden ser un obstáculo para las iniciativas de modernización de las empresas. La simplicidad puede lograrse a través del análisis de datos correcto, inteligencia, herramientas poderosas y estrategias de gestión eficaces. En otras palabras, si se analizan correcta y deliberadamente, más datos pueden aportar una mejor inteligencia para modernizar las plataformas de datos.

Ser breve y conciso en las presentaciones es también

un método de simplificación esencial para una comunicación eficaz. Por ejemplo, podemos simplificar las presentaciones de equipo cortando detalles innecesarios e irrelevantes y usando un número conciso de diapositivas que se centran en los puntos necesarios cuando usamos una PowerPoint como herramienta.

La rapidez de comercialización es uno de los requisitos fundamentales de las empresas de hoy en día. Agile se convirtió en la nueva norma en la modernización de las empresas. Se espera que los productos sean lanzados más rápido de lo que lo fueron en el pasado. Las actualizaciones de seguridad y las correcciones de errores son más frecuentes.

Hay muchas incógnitas en la empresa. Por lo tanto, no es posible ver el producto final sin un ensayo y error constante con experimentación estructurada en escalas más pequeñas para lograr los objetivos de modernización.

Un enfoque ágil permite a los miembros del equipo probar sus ideas de forma iterativa. Si fracasan, fracasan de forma rápida y barata sin que las iniciativas cuesten mucho dinero.

Los Arquitectos Empresariales deben desarrollar modelos mentales sobre cómo interactúan los usuarios de la tecnología con su solución en cada iteración. Con su enfoque orientado a la acción, deben utilizar los atrasos rápidamente y en orden de prioridad.

Los Arquitectos Empresariales deben adoptar un enfoque pragmático en el desarrollo de la arquitectura cuando participan en programas de modernización. Sabemos que predecir el futuro es muy difícil; por lo tanto, crear un parangón inicial de la arquitectura no es práctico.

Los arquitectos empresariales necesitan entender el valor de la automatización. Aplicando la automatización a los objetivos de modernización, podemos reducir el número de recursos necesarios para mantener los sistemas manuales y tediosos. La automatización puede abordar los errores humanos y resolver rápidamente los posibles errores.

Los arquitectos empresariales necesitan continuamente ocuparse de la cultura y de la modernización de las implicaciones ecosistémicas. Deben esforzarse por romper los silos, en lugar de venir arriba, crean estructuras planas, lo que resulta en equipos de autogestión colaborativa con muchos expertos en el dominio como pares.

A pesar de que se le llama "falla rápido", se refiere al ensayo y error constante que lleva a una mayor inteligencia y aprendizaje para tratar con las incógnitas de una manera rápida y efectiva. Las enseñanzas de estas pruebas y errores constituyen el progreso en el diseño, desarrollo e implementación de soluciones complejas para los objetivos de modernización de las empresas.

Los arquitectos de Agile los Arquitectos Empresariales responsables de las iniciativas de modernización empresarial son capaces de convertir los costes en inversión. Con una visión fuerte, enfoques innovadores y capacidades de entrega ágiles, los costos incurridos por las iniciativas de estos arquitectos pueden ser vistos como una inversión.

La colaboración es un factor esencial para que los Arquitectos Empresariales puedan crear resultados sobresalientes. Estos arquitectos colaboran amplia y productivamente. También motivan a los miembros de su equipo para que colaboren de manera efectiva y eficiente, señalando los objetivos comunes y haciéndolos convincentes para la colaboración.

La noción de fusión se relaciona con conceptos como integración, mezcla, fusión, amalgamación y vinculación. La fusión está estrechamente relacionada con la colaboración desde varios ángulos. Es un tipo de colaboración diseñado para misiones específicas y avanzadas. Los principios de fusión se adaptan a los objetivos de la modernización de las empresas.

La comunicación efectiva es un factor crítico de la colaboración. Dependiendo del medio, tanto la comunicación verbal como la escrita son esenciales para que se produzca la colaboración. Al centrarse en la colaboración productiva a varios niveles, los Arquitectos Empresariales aprovechan los conocimientos de equipos multifuncionales y de la comunidad de prácticas para crear propuestas de valor diferenciadas para los objetivos de modernización.

Este aspecto mágico de la colaboración que conduce a la innovación es una situación ideal para los objetivos de modernización. Los Arquitectos Empresariales deben aprovechar esta situación deseable creando, manteniendo, facilitando y mejorando las situaciones.

La credibilidad en entornos técnicos es crítica. Los Arquitectos Empresariales deben ser creíble. Estos arquitectos pueden ganarse la confianza de sus colaboradores con credibilidad e integridad. Los arquitectos de Arquitectos Empresariales Estratégicos deben prestar especial atención para seguir siendo creíbles en sus campos.

La confianza es un requisito para la diversidad. Sólo con confianza y entornos de confianza, las personas pueden mostrar su verdadera identidad. Cuando la gente comienza a mostrar su verdadero yo, una cultura diversa comienza a florecer. La diversidad es un factor que refuerza la colaboración.

Los elementos clave de la modernización de las empresas son el Computación en la Nube, las Tecnologías Móviles, la IO, los Grandes Datos y el Análisis. Una visión integrada de estas tecnologías, de los procesos y de las herramientas asociadas es fundamental. Además, la evaluación comparativa de productos y servicios es esencial para facilitar las transformaciones digitales. Podemos utilizar la nube como una herramienta fundamental para la modernización de las empresas. El modelo de servicios en la nube puede ampliar o reducir los recursos informáticos en función de los requisitos del servicio.

El resultado final es que la IO es valiosa tanto para las empresas como para la economía, lo que es inevitable. A partir de nuestra experiencia actual, podemos interpretar que la IO tendrá muy probablemente un impacto sustancial en nuestra economía y en la forma en que hacemos negocios y comerciamos. La IO es un factor de capacitación para la modernización de las empresas.

Aunque arquitectónicamente son similares a los datos tradicionales, los datos de gran tamaño requieren métodos y herramientas más nuevos para tratar con los datos. La analítica de Big Data es un área amplia y en crecimiento. Podemos entender mejor la analítica de datos de Big Data en cuanto a sus características inherentes.

El aprendizaje automático se refiere a los sistemas informáticos para aprender y mejorar sobre la base de su aprendizaje a partir del análisis de grandes volúmenes de conjuntos de datos sin necesidad de programación. Es parte del dominio de la inteligencia artificial en la informática. Debido a su utilidad e impacto, el aprendizaje automático se convirtió en una tecnología y herramienta vital para las estrategias de modernización de las empresas que conducen a la transformación digital.

El análisis de textos incluye lingüística computacional, aprendizaje automático y análisis estadístico tradicional. El análisis de texto se centra en la conversión de volúmenes masivos de una máquina o texto generado por el hombre en estructuras significativas para crear perspectivas de negocio y apoyar la toma de decisiones.

La ciberseguridad es una competencia necesaria para los arquitectos empresariales que trabajan en iniciativas de modernización. La computación en la nube, la IO y los grandes datos también exigen seguridad a todos los niveles. Una mayor concienciación sobre la seguridad y las capacidades asociadas son esenciales para los líderes técnicos y tecnológicos que lideran las iniciativas de modernización y transformación digital.

Dado que la red y las tecnologías de comunicación asociadas son los facilitadores fundamentales de los objetivos de modernización de las empresas, la comprensión de las funciones de las implicaciones de la red y de la red, tales como la seguridad, la latencia y el ancho de banda, son también temas importantes que los líderes tecnológicos deben cubrir de forma amplia y en profundidad en función de su participación.

La movilidad es un ámbito tecnológico interrelacionado crítico en las organizaciones, por lo que los arquitectos necesitan entender y formar a sus equipos para el uso eficaz de la movilidad en las innovaciones que conducen a la comprensión del negocio y a la colaboración en toda la organización, incluidos los clientes y los socios.

La gestión de servicios de TI cubre una amplia gama de tecnología, procesos y herramientas. La gestión de servicios de TI incluye procesos como la gestión del cambio, la gestión de problemas, la gestión de incidentes, la gestión del nivel de servicio, la gestión de la capacidad, la gestión de la disponibilidad, la gestión de la continuidad del negocio y la gestión de la seguridad.

La nube es un modelo crítico de tecnología y servicios para las empresas y los lugares de trabajo modernos. Esta tecnología forma parte de muchos programas de modernización y transformación en todo el mundo.

El modelo de servicios en la nube puede ser la solución perfecta para potenciar las iniciativas de modernización y transformación de las empresas. Los atributos más deseables de la computación en nube son la elasticidad y la escalabilidad.

El pago por uso y bajo demanda son otras características del modelo de servicios en la nube. Los consumidores pueden utilizarlo cuando demandan los servicios requeridos sin necesidad de realizar un pago por adelantado o una inversión dedicada a los recursos de TI de su organización.

El movimiento flexible de las cargas de trabajo es otro atributo crucial del modelo de servicios en la nube. Puede haber ocasiones en que una organización necesite ejecutar sus cargas de trabajo en una zona horaria diferente. En este caso, podemos trasladar rápidamente las cargas de trabajo a un centro de datos de otra región o país.

Los servicios en la nube ofrecen tres modelos de servicio principales. Los modelos más populares son IaaaS (Infrastructure as a Service), PaaS (Platform as a Service) y SaaS (Software as a Service). También hay varios otros tipos de servicio, pero en lugar de usar sus nombres, colectivamente los llamamos XaaaS.

Otro punto fundamental que debemos conocer es el modelo de implantación de la nube. Existen cuatro tipos de modelos de implementación para los servicios basados en la nube. Son públicos, privados, híbridos y comunitarios.

Después de Privado y Público, el tercer modelo es la Nube Híbrida, que es una combinación integrada de Ofertas Públicas y Privadas. Por ejemplo, una organización puede utilizar la Nube Privada para su carga de trabajo particular, lo que puede requerir seguridad y cumplimiento de la normativa.

El coste es el factor número uno en las iniciativas de modernización de las empresas. Para hacer frente a este factor crítico, los arquitectos de la empresa necesitan desarrollar modelos de costes inteligentes para crear hojas de ruta de la nube. Un modelo de costes sencillo puede incluir una comparación entre construir su propia nube y suscribirse a un proveedor de servicios en la nube.

Puede haber muchos costes ocultos tanto en la construcción de su propia nube como en la suscripción a los servicios públicos de la nube. Algunos de los costes ocultos que identificamos durante algunas evaluaciones fueron el coste de la gestión de parches, la adaptación del sistema, la formación continua, el soporte de dispositivos para el usuario final y la actualización de hardware y software. La optimización de muchos componentes, como la potencia de los ordenadores, el almacenamiento, la red, las instalaciones, el middleware, las aplicaciones y los datos, es fundamental.

Una vez que categorizamos las cargas de trabajo en la fase de arquitectura y planificación, podemos tomar decisiones sobre qué carga de trabajo desplegar y en qué modelos de servicio de la nube. A continuación, estas decisiones se refieren a las fases de diseño y despliegue en el ciclo de vida de la modernización de la empresa.

La nube, los grandes datos y la IO son los principales facilitadores de las iniciativas de modernización de las empresas en la actualidad. La IO, los grandes datos y la computación en la nube son tres ámbitos tecnológicos distintos con casos de utilización que se solapan.

La continuidad del negocio y la recuperación ante desastres deben ser implementadas, probadas y validadas. Tenemos que comprobar si los servicios en la nube que consideramos son auditados de forma independiente.

Las facilidades de integración de sistemas, APIs también necesitan estar disponibles en los servicios de alojamiento en nube. Tenemos que comprobar si podemos integrar nuestras soluciones basándonos en la infraestructura y las herramientas de integración disponibles.

Para iniciar el proceso de adopción de la nube para nuestras soluciones de grandes datos en programas de modernización, necesitamos crear un plan de transición a la nube completo. Este plan debe cubrir todos los aspectos de la adopción con múltiples partes interesadas en la organización.

Un hecho significativo es que los grandes datos son omnipresentes en las empresas. Cada empresa genera grandes cantidades de datos. Los datos grandes son diferentes de los datos tradicionales. Las principales diferencias provienen de características como el volumen, la velocidad, la variedad, la veracidad, el valor y la complejidad general de los conjuntos de datos en un ecosistema de datos.

La analítica descriptiva se ocupa de situaciones como lo que está sucediendo ahora mismo en base a los datos entrantes. El análisis predictivo se refiere a lo que podría suceder en el futuro. La analítica prescriptiva trata de las acciones a tomar. La analítica diagnóstica plantea la pregunta de por qué sucedió algo. Cada tipo de análisis sirve para diferentes escenarios y casos de uso.

Podemos clasificar el proceso en dos grandes categorías. La primera es la gestión de datos, y la segunda es la analítica de datos. Necesitamos entender las actividades de gestión de datos como la adquisición, extracción, limpieza, anotación, procesamiento, integración, agregación y representación de datos. Los componentes de análisis de datos de alto nivel son actividades como la modelización, el análisis, la interpretación y la visualización.

El gobierno de datos es un factor crítico para las soluciones de Big Data. El sistema de gobierno de Big Data debe tener en cuenta factores esenciales como la seguridad, la privacidad, la confianza, la operatividad, la conformidad, la agilidad, la innovación y la transformación de los datos.

El gobierno de los grandes datos es un área amplia y cubre componentes, alcance, manejo de requerimientos, estrategia, arquitectura, diseño, desarrollo, análisis, pruebas, procesamiento, componentes, relaciones, entrada, salida, objetivos de negocio, perspectivas y todos los demás aspectos de la gestión y análisis de datos. Los Arquitectos Empresariales son responsables de la gestión integral de la arquitectura de los Grandes Datos y de las soluciones asociadas.La mayoría de los métodos son patentados; sin embargo, algunos están disponibles a través de programas de código abierto. Algunas herramientas populares que se mencionan con frecuencia en las publicaciones de Big Data Analytics son Aqua Data Studio, Azure HDinsight, IBM SPSS Modeler, Skytree, Talend, Splice Machine, Plotly, Lumify, Elasticsearch.

Algunas de las herramientas de análisis de código abierto más utilizadas son Apache Hadoop, Apache Spark, Apache Storm, Apache Cassandra, Apache SAMOA, Neo4j, MongoDB y el entorno de programación R.

Los Arquitectos Empresariales también necesitan entender varios métodos y técnicas usadas para el Análisis de Grandes Datos. Los métodos y técnicas más utilizados para el análisis de grandes datos son el procesamiento del lenguaje natural, las pruebas de hipótesis de dos muestras, el aprendizaje automático, la minería de datos, la minería de patrones de asociación, el análisis conductual, el análisis predictivo, el análisis descriptivo, el análisis prescriptivo y el análisis de diagnóstico.

Las soluciones de arquitectura de datos grandes requieren el uso del modelo de lago de datos a nivel de empresa. Los lagos de datos son aspectos fundamentales y útiles de la gestión del ciclo de vida de los grandes datos. Un lago de datos puede ser un único almacén de datos empresariales transformados en formato nativo. El valor comercial de los lagos de datos proviene de ser capaz de realizar análisis avanzados muy rápidamente para los datos procedentes de diversas fuentes en tiempo real, como los flujos de clics, los medios sociales y los registros del sistema.

Las soluciones de grandes datos requieren una tecnología y herramientas heterogéneas que se adapten al propósito. Es esencial darse cuenta de que no existe una única tecnología o herramienta que pueda proporcionar un propósito universal para el desarrollo de soluciones para Grandes Datos.

La modularidad es otra consideración arquitectónica de las soluciones Big Data para los objetivos de modernización de las empresas. Para la modularidad, necesitamos asegurarnos de que los módulos encajan en el panorama general. Por ejemplo, los mismos datos deberían poder ser utilizados por diferentes proyectos y tecnologías en lugar de crear silos de acceso a datos innecesarios.

El cumplimiento con ACID (Atomicidad, Consistencia, Aislamiento, Durabilidad) es una guía esencial para garantizar la validez de las transacciones de la base de datos y la secuencia de operaciones cuando ocurren errores internos o fallas del sistema.

CAP (Consistencia, Disponibilidad y Partición) es otro punto arquitectónico a considerar para los sistemas de bases de datos distribuidas. Esta proposición instruye que se debe hacer una compensación eligiendo uno de cada tres.

Tenemos que elegir el tipo de procesamiento a realizar, ya sea en tiempo real o por lotes. Nuestro procesamiento de datos puede ser descriptivo, predictivo, prescriptivo, diagnóstico y ad-hoc.

Los patrones de acceso a los datos son necesarios para optimizar los requisitos de acceso a los datos. Hay muchos patrones disponibles en la integración de aplicaciones de datos y en las publicaciones de interfaz. Por ejemplo, algunos patrones comunes son la aceleración de la inicialización de los recursos de la base de datos, la eliminación de los cuellos de botella en el acceso a los datos y la ocultación de la semántica oscura de la base de datos a los usuarios.

Existen muchas herramientas y tecnologías de código abierto para los Grandes Datos y Análisis, como Hadoop, Kafka, Flume, Sqoop y Cassandra. El conocimiento de estas herramientas es fundamental para los Arquitectos Empresariales.

Algunas de las plataformas más populares de Big

Data y Analytics con herramientas asociadas son Google BigQuery, Hortonworks Data Platform, HP Bigdata, IBM Big Data, Microsoft Azure, SAP Bigdata Analytics, Teradata Bigdata Analytics, Amazon Web Services.

La principal ventaja y propuesta de valor de la IO proviene de la recopilación de una enorme cantidad de datos procedentes de diversos medios y dispositivos de la empresa y de la creación de servicios basados en el análisis de estas enormes cantidades de datos.

Como la IO sintetiza datos a través del análisis cognitivo, las soluciones de IO pueden ayudarnos a comprender mejor los datos estructurados, semiestructurados, no estructurados, dinámicos o estáticos mediante la integración con sistemas cognitivos.

Desde una perspectiva arquitectónica, debemos ser conscientes de que los dispositivos de IO generan cantidades masivas de datos de forma continua. Estos conjuntos de datos abarcan todo el ciclo de vida de la gestión de datos; por ejemplo, en el almacenamiento, análisis, reconstrucción y archivo.

Debido a las posibles implicaciones para la empresa, debemos planificar cuidadosamente la recogida de datos a través de los sensores de IO. Primero, necesitamos determinar el tipo de señales físicas a medir. Luego, necesitamos identificar el número de sensores a utilizar y la velocidad de las señales para estos sensores en nuestro plan de adquisición de datos.

Utilizando puntos de referencia para la aplicación, los datos y la infraestructura, necesitamos crear un modelo exclusivo de rendimiento de la IO y un conjunto de estrategias de prueba para las soluciones de modernización.

Debemos ser conscientes de que la supervisión de

estos dispositivos también crea una enorme cantidad de datos. Si siempre añadimos las alertas y otras funciones de gestión del sistema para que estos dispositivos funcionen correctamente y estén disponibles, necesitamos tener un modelo de rendimiento completo.

Una de las propuestas de valor empresarial de la IO para la modernización de las empresas es la integración de la nube en la IO, que puede crear nuevas fuentes de ingresos para la organización.

Otra consideración arquitectónica para la IO es el uso de la computación de borde. Cuando se integra con la Computación Edge, la computación en la nube puede añadir un mayor valor al ecosistema de la IO. La razón principal de esto es que la computación Edge puede hacer el filtrado para que la Nube se enfoque en los datos utilizables.

Los Arquitectos Empresariales también necesitan centrarse en la representación de los datos disponibles para los consumidores empresariales en formatos visualmente convincentes.

Las soluciones de IO requieren planes globales de escalabilidad y capacidad. Las aplicaciones de IO se integran y sirven a múltiples dispositivos del ecosistema.

El mantenimiento de la interoperabilidad en un ecosistema de IO es otro reto debido a la gran cantidad de plataformas, componentes de soluciones, dispositivos y protocolos utilizados en los ecosistemas de IO.

Los cuellos de botella de la red afectan negativamente a la disponibilidad, el rendimiento y el coste de los productos o servicios en las producciones, lo que dificulta el cumplimiento de los acuerdos de nivel de servicio.

También hay que tener en cuenta varias consideraciones cuando se trata de la conectividad a Internet; por ejemplo, el tipo de servicios de Internet, los proveedores de servicios de Internet, el coste de uso y la velocidad de comunicación.

Las principales preocupaciones de la IO giran en torno a la seguridad y la privacidad de la empresa. La privacidad está relacionada con la seguridad. Es bien sabido que los riesgos de seguridad pueden causar problemas de privacidad. Los problemas de privacidad de la IO son complejos y complicados debido a su naturaleza.

La movilidad de las empresas es un aspecto crítico de la modernización. La movilidad implica a las personas, los procesos, la tecnología y las herramientas a gran escala. La gestión del ciclo de vida de los dispositivos móviles es una consideración arquitectónica esencial en las iniciativas de modernización de las empresas. La gestión de los dispositivos móviles puede ser desalentadora desde muchos ángulos.

Además de la cantidad, el usuario en la empresa puede cambiar los dispositivos móviles con frecuencia. Estos cambios frecuentes requieren la consideración de aplicaciones y actualizaciones de software para estos dispositivos.

Las implicaciones de seguridad de los dispositivos móviles son enormes desafíos. Crean muchas vulnerabilidades de seguridad para las empresas. Las actualizaciones de software pueden ser persistentes y muy frecuentes.

La inteligencia de negocio móvil, también conocida como Mobile BI, es un requisito esencial para que las empresas mantengan su competitividad, abran nuevos mercados y creen nuevas fuentes de ingresos. Algunos entornos de Mobile BI establecidos y populares son servicios de acceso público como Appstore de Apple, Google Play Store y Samsung Galaxy Store.

Los programas de modernización empresarial pueden modelar estos servicios que funcionan bien para crear y mejorar su actual estrategia de Mobile BI, modelos de servicio y ofertas.

Con este resumen, llegamos al final de este libro. Soy el autor de este libro para proporcionar una guía valiosa, ideas convincentes y formas únicas a los Arquitectos Empresariales para que puedan llevar a cabo con éxito iniciativas complejas de modernización empresarial que transformen del caos a la coherencia. Este no es un libro teórico ordinario que describa en detalle la Arquitectura Empresarial.

Como arquitecto empresarial en ejercicio, he leído muchos libros y artículos para aprender diferentes puntos de vista de varias publicaciones de arquitectura empresarial. Han sido valiosos para mí para establecer mis bases en la primera fase de mi profesión. Intenté escribir este libro porque no encontré una guía concisa que mostrara a los Arquitectos Empresariales los enfoques novedosos, las percepciones de la experiencia de la vida real y las experimentaciones, y que señalara las tecnologías diferenciadoras para la modernización de las empresas.

La mayor lección aprendida de mi experiencia fue el resultado empresarial de la modernización de la empresa. Lo que realmente importa para el negocio es el retorno de la inversión de la arquitectura empresarial y sus capacidades de monetización. El resto es la teoría porque hoy en día los ejecutivos patrocinadores, debido al clima económico, no tienen interés, atención o tolerancia para los emprendimientos sin fines de lucro. Puede que haya decepcionado a algunos arquitectos empresariales idealistas, pero con el debido respeto, esta visión refleja la realidad, y no podemos cambiarla. Me ocupo de la realidad pragmática más que de la perfección teórica.

Intenté mostrar puntos débiles significativos y consideraciones valiosas para la modernización de las empresas utilizando un enfoque estructurado. Espero que hayas encontrado este libro conciso, despejado y fácil de leer.

Hice demasiado hincapié en el rigor arquitectónico a propósito. No podemos comprometer el rigor que apunta a la calidad de los productos y servicios como resultado de los objetivos de modernización de la empresa. Sin embargo, debe haber un delicado equilibrio entre el rigor arquitectónico, el valor comercial y la rapidez de comercialización. Apliqué este enfoque pragmático a múltiples iniciativas de transformación sustanciales y programas de modernización complejos. El punto clave es utilizar un enfoque iterativo cada vez más progresivo en todos los aspectos de las iniciativas de modernización, incluidas las personas, los procesos, las herramientas y las tecnologías en su conjunto.

Partiendo de una visión de alto nivel de la arquitectura empresarial para contextualizarla, presenté una docena de capítulos distintos para señalar y explicar con más detalle los factores que pueden marcar una diferencia real en el tratamiento de la complejidad y la producción de excelentes iniciativas de modernización.

Como líderes eminentes,[probablemente usted es uno de ellos como lector de este libro] Los arquitectos empresariales son los talentos críticos que pueden llevar a cabo esta misión masiva utilizando a su gente y sus habilidades tecnológicas, además de muchos de los atributos críticos descritos en el libro. Tenemos que afirmar la noción de que los arquitectos empresariales son arquitectos, no bomberos. Tengo plena confianza en que este libro proporcionó información valiosa para que estos talentosos arquitectos abordaran esta enorme misión en la modernización de la empresa, convirtiendo el caos en coherencia.

Apéndice: Otros Libros de esta Serie

Los siguientes libros pueden ser útiles para entender mejor las tecnologías mencionadas en este libro desde una perspectiva arquitectónica.

Guía Práctica para los Arquitectos de Soluciones de IO

Arquitectura de ecosistemas de IO seguros, ágiles, económicos, de alta disponibilidad y con un buen rendimiento.

El objetivo de este libro es proporcionar a los arquitectos de soluciones de IO una orientación práctica y una perspectiva única. Los arquitectos de soluciones que trabajan en ecosistemas de IO tienen un nivel de responsabilidad sin precedentes; por lo tanto, tratar con ecosistemas de IO puede ser desalentador.

Como profesional experimentado en este tema, comprendo los retos a los que se enfrentan los arquitectos de soluciones de IO. En este libro, he reflexionado sobre mis conocimientos basados en mi experiencia en arquitectura de soluciones a lo largo de tres décadas. Además, este libro también puede servir de guía a otros arquitectos y diseñadores que deseen aprender los aspectos arquitectónicos de la IO y comprender los retos clave y las resoluciones prácticas de las arquitecturas de soluciones de IO. Cada capítulo se centra en los aspectos clave que conforman el alcance del marco de este libro: seguridad, disponibilidad, rendimiento, agilidad y rentabilidad.

En este libro, también he proporcionado

definiciones útiles, una breve introducción práctica a la IO y un capítulo guía sobre el desarrollo de la arquitectura de soluciones. El contenido es principalmente práctico; por lo tanto, puede ser aplicado o ser un aporte complementario a los proyectos arquitectónicos en cuestión.

Arquitectura de Soluciones de Grandes Datos Integradas con IO y Nube

Cree perspectivas estratégicas de negocio con agilidad

La IO, los grandes datos y la computación en la nube son tres ámbitos tecnológicos distintos con casos de uso que se superponen. Cada tecnología tiene sus propios méritos; sin embargo, la combinación de tres crea una sinergia y la oportunidad de oro para que las empresas cosechen los beneficios exponenciales. Esta combinación puede crear magia tecnológica para la innovación cuando se diseña, implementa y opera adecuadamente.

La integración de los grandes datos con las arquitecturas de IO y de nube proporciona importantes beneficios empresariales. Es como una pareja perfecta. La IO recoge datos en tiempo real. Grandes Datos optimiza las soluciones de gestión de datos. La nube recopila, aloja, calcula, almacena y disemina datos rápidamente.

Basado en estas convincentes propuestas de negocio, el objetivo principal de este libro es proporcionar una guía práctica para la creación de soluciones de grandes datos integradas con la IO y las arquitecturas de la nube. Con este fin, el libro ofrece una visión general de la arquitectura, la práctica de soluciones, la gobernanza y el enfoque técnico subyacente para la creación de soluciones integradas de Grandes Datos, Nube e IO.

El libro ofrece una introducción a la arquitectura de soluciones, tres capítulos distintos que comprenden los

Grandes Datos, la Nube, y la IO con el capítulo final, incluyendo comentarios concluyentes a considerar para las soluciones de Grandes Datos. Estos capítulos incluyen puntos arquitectónicos esenciales, práctica de soluciones, rigor metódico, técnicas, tecnologías y herramientas.

La creación de soluciones de grandes datos es compleja y complicada desde múltiples ángulos. Sin embargo, con el conocimiento y la orientación proporcionados en este libro, los arquitectos de soluciones de grandes datos pueden estar capacitados para proporcionar soluciones útiles y productivas con una confianza creciente.

Un Marco de Excelencia Técnica para el Liderazgo de la Transformación Digital Innovadora

Transformar la empresa con excelencia técnica, innovación, simplicidad, agilidad, fusión y colaboración.

El propósito principal de este libro es proporcionar información valiosa para el liderazgo de la transformación digital potenciada por la excelencia técnica mediante el uso de un marco pragmático de cinco pilares. Este marco de empoderamiento tiene como objetivo ayudar al lector a entender las características comunes de los líderes técnicos y tecnológicos de una manera estructurada.

Aunque existen diferentes tipos de líderes en el campo de las transformaciones digitales de amplio espectro, en este libro sólo nos concentramos en excelentes líderes técnicos y tecnológicos con objetivos de transformación digital para hacer frente a las interrupciones tecnológicas y capacidades robustas para crear nuevas fuentes de ingresos. Independientemente de que estos líderes tengan títulos ejecutivos formales o sólo títulos de especialistas de dominio, demuestran características vitales de excelentes capacidades de liderazgo técnico que les permiten liderar iniciativas de transformación digital complejas y complicadas.

La razón principal por la que necesitamos entender la excelencia técnica y las capacidades necesarias para el liderazgo de la transformación digital en un contexto estructurado es modelar sus atributos y transferir las características conocidas a los aspirantes a líderes y a las próximas generaciones. Podemos transferir nuestra comprensión de estas capacidades a un nivel individual y aplicarlas a nuestras actividades diarias. Incluso podemos convertirlos en hábitos útiles para sobresalir en nuestros objetivos profesionales. Alternativamente, podemos pasar esta información a otras personas de las que somos responsables, como nuestros adolescentes que buscan roles de liderazgo digital, estudiantes de tercer ciclo, alumnos y colegas.

Intentamos definir los roles de los líderes estratégicos técnicos y tecnológicos a través de un marco específico, basado en la innovación, la simplicidad, la agilidad, la colaboración, la fusión y la excelencia técnica. Este marco ofrece un entendimiento común de los factores críticos del líder. El análisis estructurado presentado en este libro puede ser valioso para entender claramente la contribución de los líderes técnicos.

Es cierto que este libro tiene un sesgo a favor de los atributos positivos de los líderes excelentes a propósito. La razón imperiosa de este sesgo es centrarse en los aspectos positivos y describir estos atributos de manera concisa y en una cantidad adecuada para comprender el tema, de modo que los aspirantes a líderes puedan reutilizar y modelar estos atributos positivos. Como la otra cara de la moneda también es esencial para las diferentes percepciones, planeo tratar los aspectos perjudiciales de los líderes inútiles en un libro separado, tal vez en el contexto de las lecciones aprendidas, considerando diferentes casos de uso para un tipo de público diferente. En consecuencia, en este libro excluí los aspectos negativos de los líderes inútiles.

Inteligencia Digital

Soy el autor de este libro porque tratar con la inteligencia, y el mundo digital es una pasión para mí y quería compartir mi pasión con ustedes. En este libro, mi objetivo es proporcionar ideas convincentes y formas únicas de aumentar, mejorar y profundizar su inteligencia y conciencia digital y aplicarlas al viaje digital de su organización, en particular para las iniciativas de modernización y transformación. Utilicé el enfoque del pensamiento arquitectónico como marco principal para transmitir mi mensaje.

Basado en mi liderazgo de pensamiento arquitectónico en varios proyectos de transformación y modernización digital, con la riqueza acumulada de conocimientos y habilidades, quiero compartir estos aprendizajes en un libro conciso con la esperanza de añadir valor contribuyendo a la comunidad digital en general y a las iniciativas en progreso.

Tenga la seguridad de que esto no es una teoría o un libro académico. Es puramente práctico y se basa en las lecciones aprendidas de las iniciativas reales de transformación y modernización de las empresas tomadas en grandes entornos corporativos.

Hice todo lo posible para que este libro fuera conciso, despejado y fácil de leer, eliminando jerga técnica para una audiencia más amplia que quiere mejorar la inteligencia y la conciencia digital.

Por adelantado, este libro no trata de una herramienta, aplicación, un solo producto, tecnología específica o servicio, y ciertamente no es para endosar ninguno de estos artículos. Sin embargo, este libro se centra en el pensamiento arquitectónico y el enfoque metódico para mejorar la inteligencia y la conciencia digital. No es como los típicos libros de transformación digital disponibles en el mercado. En este libro, no cubro ni repito el mismo contenido de los libros que describen las transformaciones digitales.

Mi propósito es diferente. Lo que distingue a este libro de otros libros es que proporciono un marco de pensamiento innovador y un enfoque metódico para aumentar su cociente digital basado en la experiencia, con el objetivo de no vender o respaldar ningún producto o servicio, aunque menciono algunas tecnologías prominentes que permiten la transformación digital, para su conciencia, inteligencia y capacidades digitales.

Sobre el Autor

El Dr. Mehmet Yildiz es un distinguido arquitecto empresarial certificado L3 por Open Group. Trabajando en la industria de TI durante los últimos 35 años, liderando proyectos empresariales complejos para grandes organizaciones corporativas, se centra en soluciones tecnológicas de vanguardia, como IO, Análisis de Datos Grandes, Blockchain, Cognitive, AI, Cloud, Fog, e integración de Edge Computing.

Mehmet es un profesional práctico de las arquitecturas de soluciones que lidera iniciativas empresariales complejas y un campeón seleccionado de

Ágil por su entrega pragmática. Como evangelista de la innovación en todos los ámbitos de su vida, también es un inventor reconocido con varias patentes.

Para sus actividades profesionales, Mehmet comparte generosamente su experiencia, enseña las mejores prácticas de arquitectura y diseño en el trabajo, es mentor de sus colegas, supervisa a los estudiantes de doctorado y ofrece conferencias de nivel industrial a estudiantes de postgrado en varias universidades de Australia.

Como escritor prolífico, Mehmet refleja las ideas de su campo de trabajo real para proporcionar valor a sus lectores mediante una narración sencilla y personalizada. Su contenido es original, simplificado, y su objetivo es abordar las cuestiones más apremiantes del mundo digital y de las empresas corporativas modernas. Se abstiene notablemente de los contenidos teóricos y enrevesados de sus libros.

Puedes conectar con el autor en LinkedIn.
https://www.linkedin.com/in/mehmetyildiz

Puedes seguir sus blogs en Goodreads:
https://www.goodreads.com/drmehmetyildiz

Puede contactar al autor desde su sitio de publicaciones
https://digitalmehmet.com

www.ingramcontent.com/pod-product-compliance
Lightning Source LLC
Chambersburg PA
CBHW030621220526
45463CB00004B/1373